HISTOIRE

DU CHEVALIER

DU SOLEIL,

EXTRAIT DE L'ANCIEN
Roman du même Nom, dont on a tiré
le plus essentiel & le plus digne de la
curiosité du Public.

TIRÉE DE L'ESPAGNOL,

SECONDE PARTIE.

A AMSTERDAM,

Chez Pierre Mortier, Libraire.

MDCCL.

HISTOIRE

DU CHEVALIER

DU SOLEIL.

SECONDE PARTIE.

LES grandes espérances que l'on avoit conçues au sujet du recouvrement du royaume de Perse donnoient une extrême envie au Soudan, & au Prince son neveu, de commencer au plutôt cette expédition; mais le Damoiseau du Soleil n'étoit point encore en âge d'être armé Chevalier, il ne

II. Partie. A

pouvoit qu'en cette qualité être de l'armée qui devoit entrer en Perse, & le sage Lirgande assuroit que si le jeune Prince n'en étoit point, l'entreprise n'auroit aucun succès. On attendoit avec impatience que ce tems si fort souhaité fût arrivé, & on continuoit de lui donner toutes les instructions qui pouvoient convenir à un enfant que le Ciel réservoit à de si grandes choses.

Il avoit atteint l'âge de 16 ans, & le tems de lui conferer l'ordre de Chevalerie alloit bientôt venir, lorsqu'un jour que le Roi de Perse étoit allé à la chasse du Héron, & que le Soudan étoit avec les trois jeunes Princes & une partie de sa Cour dans une grande salle de son Palais, on y vit entrer six vieux Chevaliers; leur barbe blanche descendoit jusqu'à la ceinture, & ils étoient armés de toutes piéces à l'exception de la tête.

Après eux marchoit une jeune Dame d'une grande beauté ; elle étoit vétue de deüil, & portoit sur sa tête une Couronne d'or. Un Chevalier de haute taille & fort bien fait lui donnoit la main, il portoit de riches & fines armes, & la visiere de son casque qui étoit hauffée, laiffoit voir un visage des plus hideux qu'il soit poffible d'imaginer.

Il étoit d'une couleur plutôt olivâtre que noire, ses yeux extraordinairement petits sembloient avoir été percés avec une vrille ; son nés étoit plat & camard, & ses narines si prodigieusement larges qu'on auroit pu mettre la moitié de la main dans chacune ; ses lévres d'une groffeur énorme étoient, sur-tout celle d'en bas, entiérement renverfées, & de sa bouche d'une grandeur démesurée sortoient deux dents longues & pointues qui prenoient toute

la lévre de deſſous & une partie de
la barbe. Il étoit plus haut de deux
pieds qu'aucun de ceux qui étoient
dans la ſalle , & tout annonçoit
dans lui une force extraordinaire ;
il n'y eut perſonne qui ne fût ſur-
pris du contraſte que faiſoit un
homme horriblement laid auprès
d'une Dame d'une beauté achevée.

Quand elle fut auprès du Soudan elle mit les genoux en terre ,
& voulut lui baiſer les mains : le
Prince la releva avec empreſſement,
& lui demanda s'il ſeroit aſſez heureux pour pouvoir lui être utile à
quelque choſe. Que les Dieux im-
mortels accroiſſent ton Empire ,
grand & puiſſant Soudan de Babilone , dit-elle en verſant une grande quantité de larmes , tu vois en
moi une Princeſſe malheureuſe ,
que la fortune perſécute. Mon pere
régnoit paiſiblement dans l'Iſle de
Chypre , lorſque ſur la réputation

d'une beauté dont le Ciel femble ne m'avoir pourvue que pour qu'elle fût la caufe de l'infortune de toute ma famille, ce Chevalier qui fe nomme Ragiarte, & eft Roi de l'Ifle Zarde, vint à la Cour de mon pere pour me voir.

Je ne lui plûs que trop pour mon malheur, il me demanda à mon pere; mais pouvois-je me réfoudre à une union pour laquelle mon cœur fentoit la plus horrible répugnance? il partit outré d'un refus qu'il regardoit comme fort offenfant, & on le vit bien-tôt revenir à la tête d'une armée puiffante. Mon pere s'y étoit bien attendu, il connoiffoit le caractère violent du Roi de Zarde, & il avoit tout préparé pour une vigoureufe défenfe; mais le fuccès ne répondit point aux efforts de fon courage, fon armée fut entiérement défaite, & lui-même perdit la vie fur le champ de bataille. A iij

Les fuites de ce malheur ne purent être plus terribles pour moi, tout le royaume devint la conquête du vainqueur, & ma mere ne pouvant furvivre à tant d'infortunes expira dans mes bras. Quelle reffource pouvois-je avoir dans une fituation auffi déplorable ? abandonnée au plus extrême défefpoir je réfolus de me donner la mort. J'étois déja montée fur une des fenêtres de mon appartement, & j'allois me précipiter lorfque le Roi de Zarde parut, & demeurant immobile à la porte de la chambre, me conjura d'épargner ma vie ; il me protefta qu'il ne me feroit aucune violence. Je voulus qu'il me promît de m'accorder une chofe que je lui demanderois, il m'en fit le ferment, & m'enleva de cette maniere à une mort certaine.

Je ne fus pas long-tems fans voir à quoi je devois m'attendre de la

part d'un homme deftiné à me per-
fécuter; il n'eut pas plutôt foumis
entiérement le royaume de Chypre
qu'il fe difpofa à m'emmener dans
fon Ifle. Que de larmes ne répan-
dis-je point ? à quelles prieres ne
m'abaiffai-je pas ? tout fut inutile,
il fallut le fuivre, il affocia à mon
fort ces vieux Chevaliers mes pa-
rens.

Il ne m'étoit pas difficile de fentir quel étoit fon objet, en me
conduifant dans un lieu où toutes
fes volontés étoient refpeétées;nous
ne fumes pas en effet plutôt à Zarde , qu'il me preffa de l'accepter
pour époux. Je n'aurois pu faire
qu'une réfiftance inutile, je fongeai
feulement à éloigner mon malheur.
Je le fis reffouvenir de la promeffe
qu'il m'avoit faite de m'accorder
une chofe que je lui demanderois,
m'en ayant fait un nouveau ferment,
je lui dis qu'il falloit que pendant

quinze mois il me menât dans tous
les endroits où je voudrois aller, &
que si dans cet espace de tems je
trouvois un Chevalier qui voulût
défendre ma cause, il ne refusât
point le combat ; que si mon Chevalier demeuroit vainqueur, il me
tiendroit quitte de la promesse que
je lui faisois de l'épouser, & me
rendroit mon royaume ; que si au
contraire la fortune se déclaroit
pour lui, j'en passerois par tout ce
qu'il voudroit. Il a la présomption
de croire qu'il est le plus fort & le
plus brave de tous les mortels, il
accepta sans balancer la proposition
que je lui faisois. Nous nous mîmes
aussi-tôt en chemin, mais quoique
nous ayons été à la Cour de plusieurs grands Rois, je n'ai encore
trouvé aucun Chevalier qui ait
voulu prendre ma défense ; voyant
que le terme convenu est près d'ex-
pirer, sur ce que la renommée pu-

blie de la valeur des braves Chevaliers qui compofent ta Cour, je fuis
venu y chercher avec confiance ce
que je n'ai point encore rencontré
ailleurs.

La belle affligée n'eut pas plutôt
fini fon difcours qu'un torrent de
larmes fortit de fes beaux yeux ;
le Soudan & tous ceux qui avoient
entendu fon récit étoient pénétrés
de la plus tendre compaffion, mais
perfonne ne fe préfentoit pour la
défendre.

Le filence qui régnoit dans toute
la falle, augmentoit l'orgueil du
fier Ragiarte. Quel fera le Chevalier affez téméraire pour ofer défendre contre moi une caufe auffi
injufte que la tienne, dit-il à Radamire, (ainfi fe nommoit la Princeffe,) eft-il quelqu'un dans le
monde qui par fon courage, & par
fa valeur foit plus digne que moi
de te pofféder ? S'il eft ici quel-

qu'un qui veuille foutenir le contraire, la force de mon bras lui fera
fentir le danger que l'on court en fe
mefurant contre moi. Son difcours
étoit accompagné de geftes mena-
çans, il fe promenoit à grands pas,
& le feu fembloit lui fortir par les
yeux, fa contenance terrible ef-
frayoit tous les Chevaliers du Soudan. Ce Prince en étoit très-morti-
fié ; indépendamment de l'envie
qu'il auroit eue d'obliger une belle
Dame qu'il voyoit dans une extrême affliction, il regardoit comme
un deshonneur pour lui qu'il n'y
eût perfonne dans fa Cour capable
de punir l'orgueil & l'infolence de
Ragiarte.

Le Damoifeau du Soleil avoit
eu jufques-là une peine extraordinaire à fe contenir, mais irrité au
dernier point de toutes les bravades de cet arrogant : tu as grand
tort, lui dit-il, de croire qu'il n'y

ait perfonne ici qui ofe te combattre ; fi j'étois Chevalier, j'endure-
rois mille morts plutôt que de fouf-
frir la violence que tu veux faire
à cette Dame en l'obligeant de te
recevoir pour époux.

La fermeté avec laquelle le Damoifeau venoit de parler, furprit
d'abord le fier Ragiarte ; mais pre-
nant un air de dédain que la jeuneffe
du Prince lui infpira: fi tu étois auffi-
bien, lui répondit-il, un vaillant
Chevalier, comme tu n'es qu'un enfant, ce que tu viens de dire te coûte-
roit la vie, mais je méprife l'indif-
crétion d'un étourdi, qui ne fçait
point encore quelles fuites peuvent
avoir fes paroles.

Dans quelle fureur un difcours
auffi offençant ne mit-il point le
jeune Prince ? à peine pouvoit-il
fe poffeder. Seigneur, dit-il, en
s'adreffant au Soudan, puis-je vous
fupplier de vouloir bien m'accor-

A vj

der une grace, c'eſt la premiere
choſe que je vous aye jamais de-
mandée : le Prince n'ayant point
héſité à la lui promettre, faites-
moi l'honneur, pourſuivit le Damoiſeau du Soleil, de me donner l'Ordre de Chevalerie, voudriez-vous
que je fus expoſé plus long-tems
à ſouffrir ſans pouvoir en prendre
vengeance, les outrages des Chevaliers téméraires qui pourroient
m'offenſer ?

Ces paroles prononcées avec une
extrême émotion, ne permettoient
pas au Soudan de douter que l'intention du jeune Prince ne fût de
combattre Ragiarte ; la force extraordinaire de cette eſpèce de Géant,
le faiſoit trembler ſur le ſuccès d'un
combat dans lequel il croyoit voir
tant de diſproportion. Il ſe repen-
toit de s'être engagé envers le jeune
Prince par une promeſſe auſſi gé-
nérale ; mais ne pouvant point ſe

refuser à ses instances, il fallut bien qu'il se résolût à le satisfaire : le Damoiseau veilla une partie de la nuit, selon la coûtume, & le lenmain le Soudan l'arma Chevalier.

La cérémonie n'en fut pas plutôt faite, que résolu de punir le fier Ragiarte, il proposa à l'Infante Radamire de le charger de sa défense. Quand la Princesse refuseroit de m'accorder ce que je lui demande, dit-il à Ragiarte, tu ne m'en verrois pas moins disposé à te combattre, pour te faire repentir des paroles injurieuses que tu as proférées contre moi. La grande jeunesse du nouveau Chevalier faisoit balancer Radamire ; mais l'ardeur dont elle le vit animé, fit bien-tôt naître l'espérance dans son cœur : le courage qu'il avoit fait paroître lorsque tous les autres Chevaliers de la Cour du Soudan gardoient un morne silence, lui sembla un favorable augure, elle confentit à faire dépendre de lui fa deftinée.

Le fuperbe Ragiarte eut peine à modérer fa colere, lorfqu'il vit le parti que prenoit la Princeffe : il fe tenoit fort offenfé du mépris qu'elle fembloit faire de fa perfonne, en confiant fa défenfe à un Chevalier qui lui paroiffoit fi peu digne de lui, il fe promit de les faire bientôt repentir tous les deux de l'imprudence qu'il leur fuppofoit.

Tout fe préparoit pour le combat qui devoit fe donner le lendemain, lorfque le fage Lirgande arriva à Babilone, il venoit de l'Ifle de Saba, il apportoit au jeune Prince des armes qu'il avoit fait fabriquer avec un foin extraordinaire. Leur blancheur pouvoit faire croire qu'elles étoient d'argent fin ; fur le cafque étoit une très-belle figure qui jettoit un éclat éblouiffant, de cette figure fembloient fortir des rayons

d'or qui defcendoient fur les armes,
& dont elles étoient toutes femées.
L'épée répondoit à la magnificence
de l'armure, mais la trempe excellente dont elle étoit, en faifoit le
prix le plus confidérable ; un pré-
fent de cette nature ne pouvoit être
que fort flatteur pour le jeune Prince, il attendit avec grande impatience que le moment d'entrer en
lice fût arrivé. Ragiarte qui comp-
toit fur une victoire certaine, n'en
avoit pas moins auffi, mais lorfqu'-
après quelques inftans de combat il
connut à quel ennemi il avoit affaire, il commença bien-tôt à beaucoup rabattre de fes efpérances.

Les deux Chevaliers coururent
l'un fur l'autre avec une furie furprenante, ils fe rencontrerent au
milieu de leur courfe; l'étonnement
du fier Ragiarte fut extrême, lorfqu'ayant été renverfé du coup fur
la croupe de fon cheval, il vit que

le Chevalier du Soleil n'avoit été en aucune maniere ébranlé de celui qu'il lui avoit porté.

Ce premier évenement qui faisoit connoître à Radamire la force prodigieuse de son défenseur, ne pouvoit pas manquer de lui donner beaucoup d'espérance ; mais à quel excès de douleur se vit-elle réduite lorsqu'après trois heures du plus violent combat qu'il soit possible d'imaginer, elle vit le terrible Ragiarte porter à deux mains un coup d'épée si furieux sur la tête de son ennemi, qu'il le renversa entiérement sur la selle ? Le cheval ébranlé lui-même du coup, emporta son maître à plus de trente pas ; le jeune Prince restoit immobile, & jettoit une grande quantité de sang par le nez & par la bouche.

Ragiarte se croyoit déja vainqueur, & il s'avançoit pour redoubler, croyant par-là terminer le combat, lorſque le Chevalier du Soleil, qui ſans être bleſſé avoit ſeulement été étourdi du coup, reprit ſes eſprits, & connoiſſant par l'état où il ſe voyoit le danger qu'il avoit couru, ranima toute ſa vigueur : ayant bien-tôt joint Ragiarte, il mit un pied ſur la ſelle, & porta ſur le caſque du Géant un ſi horrible coup que la bonté de l'armet ne put réſiſter à l'épée ; il lui fendit la tête.

Les cris qui s'éleverent à l'inſtant de tous les côtés, tirerent Radamire de l'évanouiſſement que lui avoit cauſé l'état dans lequel elle avoit vu le Chevalier du Soleil. Quelle ſurpriſe pour elle lorſqu'elle vit étendu par terre le corps de ſon terrible ennemi ! elle paſſa tout d'un coup de la plus extrême douleur aux tranſports de la joie la plus vive. Que de remercimens n'adreſſa-t'elle point à ſon libérateur ? Elle

auroit avec plaifir payé de fa main
le fervice important pu'il venoit de
lui rendre, mais le Ciel le réfer-
voit à d'autres deftinées. Après
quelques jours elle prit congé du
Soudan, & avec un bon nombre
de Chevaliers que ce Prince joignit
à ceux qui l'accompagnoient, elle
alla prendre poffeffion de fon royaume.

Plus on avoit eu d'inquiétude à
la Cour de Babilone lorfque le Chevalier du Soleil avoit pris la réfolu-
tion de combattre le fuperbe Ragiarte, plus on y reffentit de joie de
l'heureux fuccès qu'il avoit eu. On
ne pouvoit fe laffer d'admirer la valeur d'un jeune Prince que l'on
n'auroit jamais cru capable d'éxé-
cuter de fi grandes chofes dans un
âge auffi peu avancé. Quel éxem-
ple pour les deux compagnons de
fon enfance! on les voyoit animés
d'une telle ardeur, que l'on ne crut

pas devoir différer plus long-tems
à leur décerner l'honneur de la
Chevalerie.

Les fêtes que l'on avoit prépa-
rées à cette occafion n'étoient pas
encore terminées lorfqu'on eut avis
que le puiffant African, l'ufurpa-
teur du royaume de Perfe, étoit entré en Affirie, & qu'il marchoit
droit à Babilone. La conquête de
cet état l'auroit flatté bien davantage que n'avoit pu faire celle qu'il
avoit faite de la Perfe, il auroit
voulu étendre fa puiffance jufqu'à
la méditerrannée.

Une nouvelle à laquelle on s'é-
toit fi peu attendu, étonna d'abord
le Soudan ; mais raffuré par le
grand nombre de troupes qu'il avoit
fur pied, & par la valeur du Chevalier du Soleil, avec lequel il ne
pouvoit fe promettre que des fuccès heureux, il fe flatta de réprimer
bien-tôt l'injufte ambition du Roy

des Medes. Il fit travailler avec
toute la promptitude possible à mettre en état de défense les murs de
Babilone, & ces hautes tours que
Sémiramis avoit fait bâtir : & quelque confiance qu'il eût dans la bravoure de ses troupes, il ne voulut
point aller au-devant de l'ennemi :
il se persuada que restant dans sa
Capitale il auroit meilleur marché
d'une armée que de longues marches par des routes difficiles auroient fort fatiguée.

African arriva donc devant Babilone sans avoir trouvé de résistance en aucun endroit. Son armée
étoit de vingt mille hommes de Cavalerie, & de trente mille d'Infanterie, & il avoit avec lui deux terribles Géants, l'un nommé Herbion, & l'autre Dardarie, qui seuls
étoient capables, à ce qu'il croyoit,
de détruire tous les Assiriens.

Il commença par envoyer au Soudan un Héros, qui fut chargé de lui présenter ce Cartel.

CARTEL D'AFRICAN
Roi de Medie & de Perse, au Soudan de Babilone.

NOUS le Grand & Puissant African Roi de Medie & de Perse, à toi Soudan de Babilone, fils d'Oriserges. Sache que le renom de la Ville de Babilone m'a fait venir moins dans le dessein d'offenser ta personne & ton Peuple que dans l'envie de la conquerir. Il y avoit une alliance d'amitié entre ton pere & le mien, elle subsistera entre nous si tu veux faire ce que je t'ordonne; choisis celui des deux Royaumes qui t'agréra le plus ou celui de Medie ou celui de Perse: mais si tu ne veux point déferer à ma volonté & prendre le parti que je t'offre,

je te le ferai faire de force & au
péril de ta vie.

Le Soudan lut ce Cartel en
préfence de toute fa Cour. On
ne pouvoit affez admirer l'arro-
gance du fier Roi des Medes ;
dans l'étonnement où chacun étoit
on fe regardoit fans rien dire. Le
Chevalier du Soleil rompit le filence le premier , & modérant autant
qu'il lui étoit poffible l'extrême
courroux dont il fe fentoit animé ,
il demanda permiffion au Soudan
de répondre au Hérault ; ce Prince
la lui ayant accordée : retourne à
ton maître, dit-il, à cet Envoyé; la
journée eft trop avancée pour que
l'on puiffe lui faire réponfe , mais
dis-lui que demain matin le Soudan chargera un de fes Chevaliers
de la lui porter.

Son intention étoit de fe faire
donner à lui-même cette commif-

fion, mais le Prince eut beaucoup
de peine à y confentir; il voyoit
bien quel étoit le deffein du jeune
Chevalier; quelque confiance que
dûffent donner les deux combats
dont il étoit forti avec tant d'honneur, il craignoit cependant de le
commettre avec un Prince dont
Florion ne ceffoit de lui reprefen-
ter la force prodigieufe; les Chevaliers échapés de la bataille qui
s'étoit donnée en Perfe, effrayés
encore de ce qu'ils avoient vu faire
au Roi des Medes, foutenoient
auffi que ce feroit une grande témérité au Chevalier du Soleil de
vouloir s'expofer à le combattre;
mais ce jeune Prince qu'aucun péril n'étoit capable d'étonner, fit
tant d'inftances au Soudan, qu'il ne
fut pas poffible à ce Prince de s'en
défendre; il lui dit qu'il remettoit
entre fes mains fon honneur & fon
empire, & qu'il n'avoit qu'à faire

à African telle réponse qu'il juge-
roit à propos.

Ce Prince fier de sa puissance
attendoit assez tranquillement le
parti que l'on prendroit à la Cour
de Babilone ; il auroit souhaité n'ê-
tre point obligé de ruiner une Ville
qu'il regardoit comme une des plus
belles qu'il y eût alors dans toute
l'Asie, mais enfin de quelque façon que les choses pussent tourner
il ne doutoit pas qu'il ne dût bien-
tôt s'en voir le maître.

Il n'y avoit que très-peu de temps
que le jour paroissoit, lorsqu'un
bruit de Cor qui se fit entendre dans
tout le camp des Medes fut aussi
porté dans la Ville. Les murailles
& les tours furent à l'instant cou-
vertes d'une multitude de peuple.
On reconnut le Chevalier du Soleil aux armes qu'il portoit.

Le fier African ne pouvoit imaginer qui pouvoit être le Chevalier
qui

qui ofoit demander le combat, il
fit venir Herbion l'un de fes deux
Géans : va voir, lui dit-il, qui eft celui qui vient de donner du Cor,
& amene moi pieds & mains liés ce
téméraire.

Cet ordre n'étoit point auffi fa-
cile à exécuter que ce Prince l'i-
maginoit. Je fuis envoyé par le Soudan, pour répondre au Cartel de
ton maître, dit le Chevalier du
Soleil; s'il veut fçavoir ce que j'ai
à lui dire, qu'il fe rende ici avec
fes armes. Songe-tu bien à ce que
tu me propofe, répond le Géant
avec un ris moqueur, & ta folie
pourroit-elle bien aller jufqu'à vouloir combatre celui dont le nom
feul fait trembler toute l'Afie ? viens
avec moi fi tu as quelque commiffion à exécuter auprès de lui, mais
n'efpere point qu'il veuille accepter le combat, il n'eft pas homme
à vouloir fe mefurer contre un feul

Chevalier. En achevant ces mots
il voulut mettre la main fur le jeune Prince, & crut pouvoir fans peine l'enlever de la felle ; mais le
Chevalier qui avoit toujours tenu
fa lance en arrêt, lui en donna un
coup fi furieux dans l'eftomach qu'il
fauffa la cuiraffe, & le Géant fut
quelque temps fans pouvoir refpi-
rer.

Peu fenfible neanmoins au mé-
nagement qu'avoit eu le Chevalier
du Soleil de n'avoir pas voulu redoubler tandis qu'il étoit dans cet
état, il n'eut pas plutôt repris fes
efprits, que s'étant éloigné pour
prendre du champ, il vint fondre
fur lui avec furie ; mais il s'en fallut
bien que l'ardeur qu'il avoit de fe
venger fût fatisfaite, fa lance fe
brifa contre la cuiraffe du jeune
Prince, & du coup que celui-ci lui
porta il fut renverfé de cheval.

La grande pefanteur de fon corps

voit rendu la chute si rude , que
roissé par tout à peine pouvoit-il
e relever ; je te reconnois pour
mon vainqueur , dit-il au jeune
Prince, fais de moi tout ce qu'il te
plaira. Instruis African de ce que
e t'ai dit , reprend le Chevalier,
qu'il sçache que je l'attends ici. Il
auroit été impossible au Géant de
e tenir à cheval , il le conduisit
par la bride & gagna du mieux
qu'il put la tente de son maître.

Qui pourroit représenter la fureur dont se sentit animé le su-
perbe African , lorsqu'il vit arriver dans cet état un homme dont
il croyoit que la valeur faisoit une
des forces principales de son armée ? Il vouloit aller lui-même se
faire raison d'une chose qu'il regardoit comme un affront. Dardarie son autre Géant ne le fit con-
sentir qu'avec beaucoup de peine à
le charger du soin de sa vengeance.

Mais quel fut l'excès de sa rage
lorsqu'on lui vint dire que ce fier
Géant avoit eu un sort plus malheureux encore que son compa-
gnon ; du premier coup de lance
que lui avoit porté le Chevalier
du Soleil, il l'avoit percé de part
en part.

Il courut aussi-tôt à l'endroit où
s'étoient donnés les deux combats.
La magnificence de ses armes le
fit à l'instant connoître au jeune
Chevalier ; il se vit avec une très-
grande satisfaction, au moment de
venger des Princes que les senti-
mens de la plus tendre reconnois-
sance rendoient extrêmement
chers à son cœur.

Ce ne fut point cependant sans
s'exposer au plus grand péril. Le
Roi des Medes étoit un des plus
vaillans Chevaliers qu'il y eût dans
le monde, jamais il n'avoit trouvé
personne qui eût été en état de lui

réſiſter. Que dût-il penſer lorſqu'il
éprouva la force prodigieuſe du
Chevalier du Soleil ? il lui avoit
porté au milieu de l'eſtomach un
coup de lance terrible, mais le jeune Prince n'en avoit ſeulement
point été ébranlé. Ils mirent auſſi-
tôt après l'épée à la main, & il ſe
fit entre eux le plus furieux combat que l'on eût jamais vu. Il avoit
déja duré plus de deux heures, &
les combattans par les coups hor-
ribles qu'ils s'étoient portés avoient
ſemblé pluſieurs fois être réduits à
l'extrémité la plus terrible, lorſqu'enfin le Chevalier du Soleil en
fit tomber un ſi furieux ſur la tête
de ſon ennemi, que le caſque ſe
rompit en quatre, chaque morceau
fit au Roi des Medes une bleſſure ſi
profonde, qu'il expira ſur le champ.
La Ville retentit auſſi-tôt de mille
cris de joie.

Ils furent ſuſpendus par un évé-

nement qu'il n'avoit pas été difficile
de prévoir, & qui par un effet des
fages précautions que l'on avoit
prifes n'eut aucunes fuites fâcheu-
fes. Le Soudan s'étoit bien douté
que fi le Chevalier du Soleil étoit
vainqueur, les Medes ne manque-
roient pas de vouloir venger fur lui
la mort de leur Roi ; la chofe en
effet ne manqua pas d'arriver ; mais
les Troupes que l'on avoit tenues
toutes prêtes vinrent fondre fur les
ennemis, on eut bon marché de
gens qui n'avoient plus de Chef,
& que la feule fureur conduifoit,
on en fit un carnage horrible, très-
peu échapperent à la faveur de la
nuit qui furvint, & de ceux-là
même, il n'y en eut qu'une très-
petite partie qui put porter dans le
Pays des Medes la nouvelle de ce
qui venoit de fe paffer.

Quelle fatisfaction pour le Soudan, quelle joie pour Florion ? Ils

ne fçavoient quelles careffes faire
au Chevalier du Soleil , l'importance du fervice qu'il venoit de
leur rendre leur fembloit au-deffus
de tous les remercimens qu'ils auroient pu lui faire. Les Habitans de
Babilone n'étoient pas dans des
tranfports de joie moins vifs : plus
ils avoient tremblé en voyant devant leurs murailles un ennemi
auffi redoutable que le fier African , plus ils fe crurent redevables
à la valeur du brave Chevalier qui
les en avoit délivrés. Son entrée
dans la Ville fut un triomphe & les
benedictions que tout ce Peuple lui
donnoit , étoient pour un cœur
auffi fenfible que le fien , les fruits
les plus prétieux qu'il pût recueillir
de fa victoire.

La mort du Roi des Medes & la
défaite de toute fon armée offroient
à Florion une circonftance trop favorable pour qu'il ne fe difpofât pas

à en profiter : il fe mit auffi-tôt à
la tête des Troupes que lui donna
le Soudan , & accompagné du Chevalier du Soleil & de Claberinde ,
à la préfence defquels le Ciel avoit
attaché la réuffite de fon entreprife,
il prit la route de Perfe.

Il étoit encore affez loin des fron-
tieres de ce Royaume , quand il
vit arriver des Députés des principales Villes. Lorfque fur les nouvelles de la mort d'African , elles
avoient vu qu'elles pouvoient fe livrer à leur affection pour leur Prince , elles avoient pris le parti de fe
remettre fous fon obéiffance. On
peut juger avec quelle fatisfaction il reçut leurs Envoyés , il prit
les devans avec les principaux de
fon armée & arriva bien-tôt dans
fa Capitale. Il y trouva des Sujets
foumis , que la joie de fe voir délivrés d'un joug étranger difpo-
foit à lui rendre les hommages

les plus finceres. Il ne manquoit à fon bonheur que d'en rendre témoin une époufe objet de fes plus tendres fentimens; il pria le Chevalier du Soleil & Claberinde de vouloir bien l'aller chercher à Babilone & la conduire en Perfe. Les deux Princes fe chargerent de cette commiffion avec plaifir ; & pour que leur retour fût plus prompt, ils prirent la mer avec deux cens Chevaliers que le Roy leur donna.

Ils montoient deux Vaiffeaux très-bons voiliers, & ils avoient en affés peu de temps déja fait beaucoup de chemin, lorfque les Pilotes crurent connoître que la mer alloit bien-tôt être agitée par une violente tempête. L'endroit où ils étoient pour lors leur paroiffoit propre à les mettre un peu à l'abri de l'orage, on réfolut de s'y arrêter.

A peine avoit-on jetté les ancres,

que deux autres Navires aborde-
rent au même lieu. Ils ne fe furent
pas plutôt approchés, qu'un homme qui par fa haute taille fembloit
tenir quelque chofe du Géant, parut fur le Tillac, & demanda qui
étoient ceux qui montoient les
deux Vaiffeaux arrivés devant les
fiens. Soit que ceux qui accompagnoient le Chevalier du Soleil,
priffent cette demande pour un défi, foit qu'ils fuffent choqués de
ce que l'on fembloit vouloir les
obliger à fe faire connoître, deux
d'entr'eux s'avancerent fur le
bord d'un des Vaiffeaux & dirent
avec un ton fort rude à celui qui
leur avoit adreffé la parole, que
ce qu'il pouvoit faire de mieux
étoit de continuer fa route au plutôt, & que s'il ne prenoit ce parti,
ils avoient avec eux des Chevaliers
qui le feroient bien-tôt repentir de
fa curiofité.

Des menaces pareilles n'étoient pas capables d'intimider le grand Chevalier. Irrité au dernier point d'une réponse aussi incivile, il fit aussi-tôt accrocher le Navire dans lequel ils étoient, & allongeant un coup terrible au premier qu'il rencontra, il lui fendit la tête jusqu'aux yeux ; l'autre ne pouvoit pas manquer d'avoir un sort pareil, si ceux qui montoient le Vaisseau ne fussent à l'instant accourus ; les compagnons du grand Chevalier ayant aussi paru en même tems, le combat devint bien-tôt des plus terribles entr'eux.

Le Chevalier du Soleil étoit dans le Navire le plus éloigné ; avant qu'il eût pu monter sur celui sur lequel on combattoit, cinq ou six de ceux de sa suite avoient déja été tués, ou mortellement blessés par le grand Chevalier ; mais lorsque celui-ci se vit attaqué par le jeune

B vj

Prince, il sentit bien qu'il ne devoit plus compter sur des succès pareils à ceux qu'il venoit d'avoir jusques-là.

Clabérinde ne combattoit pas avec moins de valeur; il étoit entré dans le Vaisseau où étoit le grand Chevalier, & à la tête de ses gens il faisoit un massacre horrible de ceux contre lesquels il avoit affaire; ne trouvant plus rien à la fin sur ce Navire qui fût en état de lui résister, il sauta dans l'autre avec tout son monde. Il ne faisoit que d'y entrer lorsque la tempête qui avoit été prévûe par les Matelots commença à s'élever, le vent devint si furieux que ce Navire dont les ancres n'avoient point été jettées fut emporté en pleine mer.

Le combat étoit toujours pendant ce tems-là des plus vifs entre le grand Chevalier & celui du Soleil; il y avoit plus de deux heures

qu'il continuoit, malgré l'obfcu-
rité d'une nuit, dont la violence
de la tempête augmentoit les tene-
bres. Mais quelle fut la furprife du
premier, lorfqu'à la clarté de l'au-
rore qui commençoit à paroître, il
reconnut à la devife des armes que
celui contre lequel il combattoit
étoit le Chevalier du Soleil ? Il recula auffi-tôt, & jettant fon épée
loin de foi, oh ! mon cher Chevalier du Soleil, dit-il, au jeune
Prince en levant la vifiere de fon
cafque, & fe préfentant à lui les
bras ouverts, pardonnez à votre
ami ce qu'il vient de faire fans vous
connoître ; fi le jour avoit tardé
plus long-tems à fe montrer, j'allois porter la peine d'une faute bien
involontaire.

La joie du Chevalier du Soleil
fut fans égale lorfqu'il reconnut le
fils de Florion. Brandicel n'avoit
pu obtenir de fon pere d'être de

l'expédition de Perſe ; mais il avoit
tellement preſſé le Soudan , que ce
Prince ne pouvant ſe refuſer à ſes
inſtances , lui avoit donné deux
Vaiſſeaux pour aller joindre Florion , & il n'y avoit que quatre
jours qu'il étoit en mer lorſqu'il
avoit rencontré les deux Navires
que montoient Clabérinde & le
Chevalier du Soleil.

Celui-ci étoit dans le dernier effroi lorſqu'il penſoit que peu s'en
étoit fallu qu'il n'eût donné la mort
au fils de ſon meilleur ami : d'un
autre côté , il ne pouvoit être fâché
d'un évenement qui lui avoit donné occaſion de connoître à quel
point alloient le courage & la valeur d'un jeune Prince , auquel il
prenoit un intérêt ſi ſenſible.

Ils s'entretenoient avec cette ef-
fuſion de cœur qui fait le charme
le plus prétieux d'une tendre amitié, lorſque des cris lamentables ſe

firent entendre dans tous les coins
du Vaiffeau : ils connurent à l'inftant l'extrême péril dans lequel ils
fe trouvoient, le Navire faifoit eau
de tous les côtés, & ils ne pouvoient
trop promptement effayer d'échapper à ce malheur. Le Chevalier du
Soleil fe faifit d'une Chaloupe, &
la lança lui-même à la mer. Il s'y
jetta avec précipitation, & croyoit
être fuivi de Brandicel ; mais foit
que la violence du faut eût fait dé-
marer trop vîte la Chaloupe, ou
qu'elle fût emportée tout d'un coup
par la fureur du vent, elle s'éloigna
avec tant de promptitude qu'il ne
fut pas poffible au jeune Prince d'y
entrer.

Le Chevalier du Soleil n'avoit
jufques-là trouvé fon cœur fufceptible d'aucune crainte ; il avoit vu
plufieurs fois fans frayeur la mort
fe préfenter à lui dans les combats
terribles qu'il avoit effuyés ; mais

pouvoit-il n'être point faifi de quelque effroi, à la vue d'un horrible
danger dans lequel fon courage &
fa valeur ne pouvoient lui offrir aucune reffource ? la fureur des vents
fembloit porter fa Chaloupe jufqu'au Ciel, & une multitude de va-
gues qui s'élevoient de tous les côtés paroiffoient devoir à chaque
inftant l'enfévelir dans les ondes.

Il paffa quelques heures dans un
état auffi violent, la tempête ceffa
enfin peu à peu, & la mer devint
tout-à-fait tranquille. Son étonnement fut extrême, lorfqu'il trouva
fa Barque garnie d'une quantité
confidérable de toutes fortes de
provifions, & quand il vit que fans
voiles & fans rames fon petit bâti-
ment alloit tout feul fur les ondes
avec une légereté extraordinaire.
Dut-il méconnoître la puiffance qui
s'intéreffoit fi vifiblement à fon fort?
que de graces intérieures ne ren-

dit-il point au sage Lirgande, dont
la main bienfaisante le secouroit
dans un aussi grand péril? Entiérement rassuré sur son sort, il n'avoit
plus d'inquiétudes que pour celui
de Brandicel.

Ce jeune Prince n'ayant pas pu
se jetter dans la Chaloupe du Chevalier du Soleil, étoit entré dans
un autre que des Matelots avoient
mise en mer; il eut le bonheur d'é-
chapper à la violence de la tempête,
& lorsque le terrible élément fut
devenu tout-à-fait calme, ayant
apperçu de loin un Vaisseau, ses
gens firent à l'instant force de rames, & le joignirent bien-tôt. La
rencontre ne pouvoit être plus heureuse, ce Navire étoit monté par
Clabérinde. Ce jeune Prince dans
le combat qui s'étoit donné entre
les quatre Vaisseaux, ayant tué ou
blessé fort dangereusement tous les
Chevaliers qui étoient sur celui qui

avoit engagé la querelle, étoit entré, comme on l'a dit, dans le Navire qui portoit la suite du grand
Chevalier; la fureur de la tempête
qui étoit survenue tout-à-coup,
avoit fait suspendre le combat, &
quelques momens après on s'étoit
reconnu. On peut juger de la douleur que causa à tous ces Chevaliers ce qui venoit de se passer,
mais dans quelle inquiétude ne se
trouverent-ils point, lorsque par
les éclaircissemens que l'on se donna
de part & d'autre, on sçut que les
deux Chevaliers qui se battoient
lorsque la tempête avoit séparé les
Vaisseaux étoient le Chevalier du Soleil & Brandicel? tous trembloient
sur le sort de celui-ci, & quelque valeur qu'il eût témoignée dans
le commencement du combat, on
ne croyoit point qu'il eût pu résister à un adversaire aussi formidable: leur joie fut donc des plus

grandes lorsqu'ils virent arriver celui dont ils croyoient déja devoir pleurer la mort ; l'empreſſement fut extrême , pour ſçavoir de quelle maniere avoit été terminé un combat , ſource de tant d'allarmes. Que d'éloges ne donnerent-ils point à la bravoure du jeune Prince ? leur ſatisfaction auroit été compléte s'ils n'avoient pas cru être dans le cas de trembler ſur le ſort du Chevalier du Soleil.

Le Soudan fut bien-tôt informé de toutes ces choſes , en peu de jours les deux Princes arriverent à Babilone. Ce Monarque ne pouvoit qu'être extrêmement ſenſible à l'heureux évenement qui venoit de faire remonter ſon gendre ſur un Trône dont il avoit été exclus pendant un ſi grand nombre d'années. Quelle part ſon cœur ne prenoit-il point auſſi à la gloire que venoit d'acquérir ſon petit-fils ? mais la perte qu'il faifoit du Chevalier du Soleil ne pouvoit lui laiffer goûter une joie pure.

Tandis que la valeur de ce jeune Prince rempliffoit toute l'Afie d'admiration , & lui concilioit la bienveillance des principaux Monarques de cette partie du monde , les grands exploits de fon frere Roficlair ne rendoient pas fon nom moins célebre dans toute l'Europe.

Nous avons laiffé la Princeffe Briane dans le Monaftere de la Riviere, pénétrée de la douleur que lui avoit caufée la perte de l'un de fes fils. Les foins qu'elle fe donna pour l'éducation de celui qui lui reftoit firent quelque diverfion à l'extrême trifteffe dont fon cœur étoit rempli; à mefure que l'âge rendoit Roficlair fufceptible d'inftructions , cette tendre mere ne manquoit pas de les lui procurer : le plaifir qu'il prenoit fur toutes chofes à tous les exerci-

ces qui ont rapport aux armes, faifoit préfager de lui des chofes que
fes grandes actions ont depuis bien
juftifiées.

Il paffa de cette maniere fes pre-
mieres années; la tendre Briane qui
ne trouvoit que dans la vue de ce
cher fils du foulagement à la douleur que lui caufoient toujours fes
infortunes paffées, ne vouloit pas
permettre qu'il s'éloignât du Monaftere ; mais lorfque ce Prince
fut parvenu à l'âge de 14 ans, il
commença bien - tôt à s'ennuyer
d'une vie auffi oifive. Il étoit d'une
force fupérieure de beaucoup à
celle que l'on a communément à
cet âge ; une certaine ardeur dont
il fe fentoit animé, lui perfuadoit
qu'il étoit deftiné à toute autre
chofe qu'à languir comme il faifoit
dans la folitude.

Cette penfée dont il ne ceffoit
de s'occuper, le fit bien-tôt tomber

dans une tristesse qu'il ne fut plus
le maître de cacher. La Princesse
ne fut pas des dernieres à s'en appercevoir, elle prit aussi-tôt l'allarme; mais quel coup pour son cœur
lorsque sur les instances qu'elle fit
à Rosiclair de lui découvrir quel
sujet le réduisoit à l'état où elle le
voyoit, le jeune Prince lui fit part
de l'envie extrême qu'il avoit de
recevoir l'ordre de Chevalerie, &
d'aller chercher à connoître un
autre Ciel que celui sous lequel il
avoit vécu jusqu'alors. Un saisisse-
ment universel s'empara de cette
tendre mere, elle ne pouvoit pro-
ferer une parole, les larmes qu'elle
répandit ensuite en abondance furent les interprêtes de sa douleur.

Rien n'étoit égal à l'étonnement
de Rosiclair; que vouloit dire l'é-
tat dans lequel il voyoit la Princesse? quelle pouvoit être la raison
de l'intérêt si grand qu'elle sembloit

prendre à ce qui le regardoit?

Il ne fut pas difficile à la triste Briane de s'appercevoir de la surprise dans laquelle étoit le jeune Prince; elle prit sur le champ son parti; elle se flatta que lorsque Rosiclair seroit instruit du lien étroit qui l'unissoit à elle, il ne lui seroit pas possible de se refuser aux instances d'une tendre mere. Remplie de cet espoir, elle lui découvrit le secret de sa naissance; ô mon fils, lui dit-elle ensuite en le serrant étroitement dans ses bras, voulez-vous porter la mort dans le cœur de votre malheureuse mere! Que de larmes, ne m'a point fait verser l'incertitude cruelle dans laquelle je suis encore sur ce que peut être devenu le Prince Théodoart votre pere! Le Ciel n'a point borné mes malheurs à cette perte, quel mortel chagrin ne m'a point causée celle que j'ai faite de votre frere! Vou-

lez-vous mettre le comble à ma
douleur en vous éloignant de moi
dans un âge dont la foibleſſe ne
vous rend point capable encore de
ſupporter la fatigue attachée à l'é-
xercice des armes ?

Il ſeroit difficile de repréſenter
tous les mouvemens dont Roſiclair
ſentoit ſon cœur agité. La joie de
ſe voir par ſa naiſſance dans un état
bien différent de celui dans lequel
il s'étoit cru juſqu'alors ne faiſoit
ſur lui que très-peu d'effet ; il n'é-
toit ſenſible qu'au plaiſir qu'il avoit
d'appartenir à une Princeſſe dont il
avoit toujours reçu les bontés avec
la plus extrême reconnoiſſance ;
mais de cela même réſultoit l'embarras le plus terrible ; il ne pouvoit douter qu'en perſiſtant dans
l'envie qu'il avoit de quitter une
tendre mere qui venoit de le rendre témoin de ſes allarmes, il ne la
réduiſît à la plus extrême douleur ;

comment

comment concilier la crainte que
cette réfléxion élevoit dans son
cœur, avec le defir ardent qu'il
avoit de mener une vie toute dif-
férente de celle qu'il avoit menée
jufqu'alors, & que la connoiffance
qu'il venoit d'avoir de l'état dans
lequel il étoit né, ne faifoit que rendre beaucoup plus vif : il s'apperce-
voit bien que ce dernier fentiment
dominoit dans fon efprit, mais il
n'ofoit le découvrir à la Princeffe ;
il prit le parti de diffimuler ; & ne
fongeant en apparence qu'à répondre aux careffes de cette aimable
mere, il s'occupa à chercher les
moyens de quitter fans que l'on pût
fe douter de fon deffein, un lieu
qu'il regardoit comme une prifon.

Ce n'étoit point une chofe fa-
cile ; la Princeffe que rien ne pouvoit raffurer fur les inquiétudes que
lui caufoit l'envie que fon fils lui
avoit témoignée, le faifoit obferver

d'affez près : huit jours fe pafferent
fans qu'il pût exécuter fon deffein ;
à la fin il prit fon parti. Son appartement donnoit fur un jardin , il
trouva le moyen de fauter par la fe-
nêtre à l'entrée de la nuit , & eut le
fécret d'efcalader un mur qui répondoit au dehors de la maifon. Il
alla à l'inftant au logis d'un Payfan
qu'il avoit vû plufieurs fois venir
au Monaftere affés bien monté ; il
lui dit que la Princeffe lui avoit
donné une commiffion fécrete ,
dont l'exécution étoit de la derniere
importance : le bonhomme ne fit
aucune difficulté de lui laiffer prendre fon cheval ; le jeune Prince s'é-
loigna auffi-tôt avec une rapidité
furprenante , & il avoit déja fait
beaucoup de chemin lorfque le jour
parut.

Quel coup pour la trifte Briane
lorfque fa confidente lui apprit que
l'on ne fçavoit ce qu'étoit devenu

Rosiclair , & qu'on l'avoit cherché
inutilement de tous les côtés.
Grand Dieu ! s'écria-t'elle , serai-je
donc éternellement l'objet infortuné de votre colere? à quelles cruelles épreuves mettez-vous une malheureuse Princesse , dont le cœur
ne se sent point assez de forces pour
résister à des coups si terribles ? Ce
fut alors plus que jamais qu'elle eût
besoin de se rappeller ce que lui
avoit dit la Nymphe qui lui étoit ap-
parue dans la fontaine après la perte qu'elle avoit faite du Damoiseau
du Soleil : elle voyoit l'accomplis-
sement du malheur que cette Nymphe lui avoit prédit; l'accablement
dans lequel elle étoit l'empêchoit
d'ouvrir son cœur à l'espérance sur
les consolantes prédictions qui lui
avoient été faites en même tems.

Pendant que l'infortunée Princesse se livroit à toute sa douleur,
Rosiclair marchoit avec le plus de

diligence qu'il lui étoit poſſible. Il
ne ſongeoit qu'avec beaucoup de
peine à l'extrême chagrin dans lequel il ſe doutoit bien que devoit
être une mere auſſi tendre ; mais il
ſe propoſoit de ſe donner tous les
mouvemens imaginables, pour tâcher d'avoir quelques nouvelles du
Prince Théodoart ſon pere, & du
Damoiſeau du Soleil ; c'étoit le plus
ſûr moyen qu'il crût avoir de finir
toutes les peines de la malheureuſe
Princeſſe.

Il voulut commencer par aller
en Angleterre pour y voir le Roy
Olivier, qu'il croyoit être ſon ayeul.
Il prenoit dans cette intention le
chemin de l'Allemagne, lorſqu'il
ſe trouva un jour engagé dans une
montagne fort haute, elle étoit
remplie de roches de tous les côtés;
& les arbres dont elle étoit preſque
toute couverte, ne laiſſoient voir
aucun chemin frayé,

S'étant perdu de maniere à ne pouvoir en aucune façon se reconnoître, il étoit dans la plus grande inquiétude ; le jour commençoit à baisser, pouvoit-il y avoir quelque sûreté pour lui pendant la nuit dans un lieu aussi sauvage? il parvint enfin avec beaucoup de peine au sommet de la montagne, & apperçut à une distance d'une lieue une vallée dans laquelle étoient quelques Villages, & plusieurs grands Châteaux, il marcha aussi-tôt de ce côté-là.

Il alloit sortir de la montagne lorsqu'il vit venir de son côté un Ours d'une grosseur énorme, qui portoit dans une de ses pattes un enfant de l'âge de deux ans. Il se mit aussi-tôt en devoir de faire lâcher prise à cet animal, mais son cheval effrayé ne vouloit point avancer ; il fut obligé de mettre pied à terre, & l'épée à la main il courut sur la cruelle bête. Dès que

l'Ours le vit venir, il lâcha l'enfant,
& s'étant mis fur fes pattes de der-
riere en hériffant tout fon poil, &
ouvrant une gueule épouventable,
il voulut fe jetter fur Rofîclair;
mais le jeune Prince fans s'effrayer
à un afpeft qui étoit capable de
faire trembler les plus intrépides,
lui donna du revers de fon épée un
coup fi terrible dans le ventre qu'il
le fendit en deux. Il prit l'enfant,
& remontant à cheval il continua
fon chemin vers la vallée.

A peine avoit-il fait un quart de
lieue, qu'il vit venir à lui deux
jeunes hommes & un vieillard; ils
étoient à cheval, & couroient à
toute bride, ils avoient à la main
chacun une grande hâche. Quand
ils furent près de lui, & qu'ils reconnurent l'enfant qu'il portoit
dans fes bras, rien ne fut égal à leur
joie; le jeune Prince leur compta
de quelle maniere il l'avoit délivré

des griffes de l'Ours. Quels remercimens ne vous devons-nous point?
lui dit un des jeunes hommes ; le
Vieillard que vous voyez est le pere
de l'enfant , & nous sommes ses
freres ; on l'avoit malheureusement
laissé seul à la porte un instant ;
cette détestable bête est venu l'enlever. Des gens qui l'avoient vu de
loin sont venus nous l'apprendre,
& sur le champ nous sommes mon-
tés à cheval ; mais nous ne nous se-
rions donné qu'une peine inutile,
& l'enfant étoit perdu , si pour son
bonheur & pour le nôtre, le Ciel
ne lui eût fait rencontrer un aussi
vaillant défenseur. Ils firent à Rosiclair toutes sortes d'instances pour
qu'il vînt loger chez eux , le jeune
Prince y consentit sans peine.

Ce lieu lui paroissoit extrêmement peuplé. Nous n'aurions , lui
dit le Vieillard , que des graces à
rendre au Ciel de nous avoir fait

naître dans un Pays aussi fertile , si nous ne gémissions sous le poids d'un malheur qui fait de nous les hommes les plus infortunés qu'il y ait peut-être dans le monde. Il y a dans cette vallée plus de deux mille maisons : nous avons toujours eu un Souverain pour nous gouverner; mais jamais il ne s'en est trouvé un pareil à celui duquel nous dépendons aujourd'hui.

Il se nomme Argion ; sa force extraordinaire jointe au grand nombre de troupes qu'il entretient toujours, le met en état d'exercer impunément les plus grandes violences. C'est peu que nos biens ne soient jamais en sûreté , & qu'il nous dépouille tous les jours de tout ce que nous possédons, il pousse la barbarie jusqu'à nous obliger de lui livrer tour à tour les plus belles de nos filles : quand il a pendant une semaine satisfait le détestable amour qu'a pu

lui inspirer la malheureuse victime
dont il a fait choix, il faut lui en
présenter une autre, ensorte qu'il
n'est point de famille que ce mons-
tre ne déshonore. Vous me voyez,
continua le Vieillard, dans une
crainte mortelle ; j'ai une fille de
l'âge de quinze ans, la nature l'a
douée d'une grande beauté, je m'at-
tens à chaque moment à me la voir
enlever ; est-il pour un pere une
peine plus cruelle ? j'ai été tenté
bien des fois de la conduire sécré-
tement hors de ce Pays, mais le
Tyran immoleroit à sa fureur toute
ma famille.

Ce récit joint à l'abondance des
larmes dont le Vieillard l'avoit accompagné avoient extrêmement at-
tendri Rosiclair ; mais de quelle
compassion son cœur ne fut-il point
touché, lorsqu'arrivé à la maison
du Vieillard, il vit la belle Linerbe
toute en larmes : Argion venoit de
C v

faite avertir qu'il alloit bien-tôt
l'envoyer chercher.

La défolation de toute cette famille fit naître au jeune Prince
l'envie de la fecourir. Le deffein
qu'il méditoit étoit des plus hardis ;
mais étoit-il quelque entreprife au-
deffus de fon courage ? il fe fit ap-
porter les plus beaux habits de la
jeune fille , & déclara à fes hôtes
qu'il vouloit au lieu d'elle fe faire
préfenter au Tyran. Tous temble-
rent à cette propofition , mais il
avoit pris fon parti : rien ne fut capable de le faire changer.

Sa grande jeuneffe jointe à fon
extrême beauté favorifoient ce dé-
guifement. Lorfque les gens d'Argion furent arrivés , on le leur livra
comme s'il eût été la belle Linerbe.
Il avoit eu la précaution de prendre
fon épée fous fes habillemens , & il
étoit convenu avec le pere & les
freres qu'ils affembleroient en fécret

tous leurs amis, & leur feroient
part de ce qui alloit fe paffer; que
s'il réuffiffoit à tuer le Tyran, il
mettroit une lumiere à une des fenêtres du Palais, & qu'à ce fignal
ils s'avanceroient pour qu'il leur
ouvrît les portes. Une entreprife
pareille leur paroiffoit fort téméraire; ils fentoient bien que fi le
jeune Prince manquoit fon coup,
ils étoient eux-mêmes perdus fans
reffource; mais ils étoient détermi-
nés à tout rifquer pour effayer de
s'affranchir d'un joug auffi odieux.

Le Tyran que la beauté de la
feinte Linerbe rendoit fort paf-
fionné, lui temoigna toutes fortes
d'empreffemens; mais, d'une voix
baffe & honteufe, elle lui dit de
donner ordre à tout fon monde de
fe retirer; Argion crut que c'é-
toit un effet de fa modeftie, il fe
fit auffi-tôt dés-habiller, & lorfqu'il
fut couché, il congedia tous fes

C vj

gens. La fauſſe Linerbe voulut leur donner le tems de s'éloigner ; quelque impatience que témoignât le Tyran , elle n'ôtoit ſes habits qu'avec beaucoup de lenteur : quand elle crut que perſonne n'étoit à portée de le ſecourir , elle ôta ſa robe.

Quelle fut la ſurpriſe d'Argion de voir une épée deſtinée à lui ôter la vie ! il ſauta du lit à l'inſtant & voulut prendre ſes Armes ; mais le jeune Prince fondit auſſi-tôt ſur lui , & d'un revers qu'il lui donna ſur le chignon du col , il l'étendit mort ſur la place.

Il ne s'étoit point paſſé encore aſſez de tems pour que les freres de Linerbe euſſent pu raſſemblér leur monde ; il attendit quelques heures , & ne fit le ſignal convenu que vers le milieu de la nuit. Leur joie ne fut pas petite lorſqu'ils virent paroître la lumiere; ils envoyerent auſſi-tôt inſtruire tous les Habitans, de la mort d'Argion, & à la tête de quarante perfonnes ils s'avancerent vers le Château. Rofclair leur en ouvrit les portes, ils mirent à mort une cinquantaine de Soldats qu'ils y trouverent; un pareil nombre d'Officiers & de Domeftiques qui voulurent fe mettre en défenfe eurent le même fort.

Le bruit de la mort du Tyran répandue par-tout, mit en mouvement tous les Habitans; les Soldats qui étoient hors du Château, furpris & enveloppés de toutes parts, mirent les armes bas.

Dans la furprife où chacun étoit d'un évenement auffi inefperé, à peine pouvoit-on croire que ce qui venoit de fe paffer ne fût point une illufion. Rofclair reçut de toutes parts les éloges que méritoit fon courage. On ne pouvoit pas concevoir comment dans un âge encore auffi tendre, il avoit eu la réſolution de s'expoſer à un auſſi grand péril que celui qu'il venoit de courir.

Des ſentimens d'admiration on paſſa bien-tôt à ceux de la reconnoiſſance. Ces Peuples charmés de leur délivrance, crurent ne pouvoir trouver un Prince plus digne de les gouverner : tous unanimement lui offrirent la Couronne ; mais un ſi petit endroit ne pouvoit point lui fournir aſſez d'occaſion de ſignaler ſon courage ; il les pria de choiſir la belle Linerbe pour leur Souveraine, en lui faiſant épouſer le plus qualifié d'entr'eux. Après l'avoir inutilement preſſé de nouveau d'accepter pour lui-même la Souveraineté qu'ils lui déferoient, ils y conſentirent ; le choix tomba ſur un Chevalier nommé Brandidoine, le mariage fut auſſi-tôt célébré.

Le nouveau Prince auroit vou-

lu retenir au moins pendant quelque tems fon bienfaicteur ; mais
Rofîclair avoit trop d'impatience
de continuer fon voyage, il ne s'arrêta que quatre jours ; & de tous
les prefens confidérables dont chacun vouloit le combler à l'envie,
il ne voulut accepter qu'un beau
cheval qui avoit appartenu à Argion. Un fi grand défintéreffe-
ment redoubla leur eftime, ils ne
le virent partir qu'avec une douleur qu'ils exprimoient par leurs
larmes ; mais pour que la mémoire
d'un évenement qui faifoit leur
bonheur & qui étoit fi glorieux
pour Rofîclair ne fe perdît jamais
parmi eux , ils mirent à côté du
maître Autel de leur principale
Eglife, une Statue de marbre qui
réprefentoit ce jeune Prince.

Il emmena avec lui un frere de
L'inerbe nommé Telio , il ne lui
avoit pas été poffible de fe refufer

aux prieres que ce jeune homme lui avoit faites de permettre qu'il l'accompagnât en qualité de son Ecuyer. Après avoir traversé toute l'Allemagne ils arriverent à un Port de mer, ils y trouverent deux Navires qui se disposoient à faire voile pour la Grande Bretagne, & n'attendoient pour partir qu'un vent favorable.

Ils virent dans l'un des deux Vaisseaux deux Chevaliers richement vêtus. Si leur bonne mine fixa l'attention de Rosiclair, ils ne furent pas moins étonnés de voir en lui une air si noble joint à une grande beauté. La curiosité de se connoître fut égale de part & d'autre. Il leur dit qu'il venoit de la Vallée des Montagnes, & qu'un sujet important l'appelloit en Angleterre. Il sçut ensuite que des deux Chevaliers, l'un étoit Bariandel, Cousin Germain de l'Empereur Trebatius

& fils aîné du Roi de Bohême ; &
l'autre le Prince Lyriamandre ,
frere de la Princeffe Briane ; il fe
fçut bon gré de leur avoir caché fa
naiffance ; il auroit été fâché que
ce Chevalier dans la perfonne duquel il trouvoit un Oncle , eût fçu
qui il étoit.

Ils lui apprirent le fujet de leur
voyage. La triftefle qu'avoit caufée à la Cour d'Angleterre la perte
du Prince Théodoart , avoit été
portée à un point , que depuis quinze ans il n'y avoit été queftion ni
de Fêtes ni de Tournois.

Le Roi avoit cependant fait ré-
flexion à la fin fur l'inconvenient
qu'il y avoit pour lui à laiffer languir dans l'oifiveté , une Nobleffe
qui s'étoit toujours fi fort diftin-
guée dans l'exercice des armes ; on
avoit par fes ordres publié par tout
qu'au mois de Mai il fe tiendroit à
Londres un Tournois célébre : les

prix deſtinés à celui qui feroit vainqueur dans les joûtes, étoient une
couronne d'or qu'une grande quantité de pierres précieuſes dont elle
étoit enrichie, rendoit d'un prix
ineſtimable, & un collier de même métail qui n'étoit guéres moins
riche que la couronne. C'étoit l'envie de ſe diſtinguer dans cette
Fête qui avoit fait quitter aux deux
Princés les Cours de leurs pères.
On peut juger avec quelle joie Roſiclair apprit cette nouvelle ; il ſe
promettroit bien de faire voir au
Roi qu'il croyoit ſon ayeul, qu'il
n'étoit pas indigne du ſang dont il
étoit né ; mais la réputation de ſa
valeur devoit précéder ſon arrivée
dans la Grande-Bretagne, & une
aventure extraordinaire l'empêcha
d'y aborder auſſi-tôt qu'il s'en étoit
flatté.

Il n'y avoit que trois jours qu'il
étoit en mer, lorſque jouiſſant avec

s deux Princes du spectacle agréa-
le que leur présentoit le reflex de
lune sur une onde qu'agitoit un
ger zéphir, des cris lamentables
une femme vinrent frapper leurs
eilles ; ils apperçurent bien-tôt
ne Barque dans laquelle étoit un
éant presque nud ; son corps étoit
ut couvert d'un poil gros & épais,
n regard étoit des plus farouches ;
avoit à une main un bâton d'une
offeur énorme, ferré & plein de
œud ; de l'autre il tenoit par les
neveux une Dame dont le beau
isage étoit tout ensanglanté ; & la
appant rudement avec ses pieds
avec son bâton : détestable sor-
iere, lui disoit-il, fais retourner
a Barque vers mon Isle où je vais
immoler à ma fureur ; la jeune
Dame ne répondoit que par ses
ris.

Rosiclair sentoit son cœur pé-
étré de trop de compassion pour

qu'il pût être tranquille spectateur
de ces mauvais traitemens ; la Barque avançoit toujours du côté du
Navire dans lequel il étoit : quand
elle en fut tout proche le jeune
Prince y fauta , & demanda fiére-
ment au Géant par quelle raifon
il maltraitoit fi fort cette Dame.
Celui-ci pour toute réponfe jetta
fur Rofìclair un regard terrible ,
& s'avançant auffi-tôt , il voulut
le prendre entre fes bras pour le
jetter à la mer : le jeune Prince
l'arrêta en lui prefentant la pointe
de l'épée. Le Géant eut recours à
fon bâton , & le coup qu'il porta
à Rofìclair l'auroit infailliblement
affommé , s'il l'avoit atteint ; mais
le jeune Prince s'étant jetté fur lui
avant que le bâton retombât , lui
plongea fon épée dans le corps ; le
Géant tomba expirant , fon corps
étoit beaucoup plus long que la
Barque ; Rofìclair le jetta auffi-
tôt à la mer.

Les deux Princes avoient été
trêmement étonnés de la har-
effe qu'avoit eue Rofic1air, d'al-
: tout feul s'expofer aux coups du
éant ; la Barque ayant paffé trop
te pour qu'ils euffent pu s'y jet-
t avec lui, ils avoient fur le champ
donné que l'on mît prompte-
ent les Chaloupes en mer , ils
uloient aller à fon fecours ; mais
combat avoit duré fi peu de tems
e le Géant étoit mort avant qu'el-
: fuffent prêtes. La furprife des
ux Princes fut fans égale , ils ne
uvoient affez admirer l'extrême
leur de Rofic1air.
Mais quel fut leur chagrin lorf-
'ils fe virent tout d'un coup fépa-
s d'un homme pour lequel ils
oient conçu l'eftime la plus par-
te ? le corps du Géant n'avoit pas
utôt été jetté dans la mer , que la
rque avoit fur le champ fait rou-
d'elle-même , & elle s'éloignoit

avec une telle vîtesse qu'en un mo
ment ils la perdirent de vue. Teli
se défesperoit ; les deux Prince
n'étoient pas moins fâchés que lu
de la perte de son maître , ils lu
promirent de lui fournir tous le
moyens possibles de le retrouver. Il
ne furent pas plutôt arrivés en An
gleterre , qu'ils le firent monter su
un de leurs Vaisseaux avec plusieur
de leurs Gens pour aller de tous le
côtés faire toutes les perquisitior
possibles , mais ce devoit être fo
inutilement.

La jeune Dame ne sçavoit que
remercimens faire à Rosiclai
Votre valeur m'a délivré du plu
grand péril que j'eus pu jamais cou
rir , lui dit-elle. Mon nom est Ca
linde , je suis fille du sage Artem
dore ; il habite une Isle merveillet
se , située en cette mer , elle n
peut être vue que de ceux ausque
il veut bien ne la pas cacher. J'é

ois montée fur une Barque pour
exécuter une commiſſion dont
mon pere m'avoit chargée, lorſqu'-
ayant voulu deſcendre dans une
Iſle pour y prendre de l'eau douce,
e fus apperçue par le Géant que
vous avez mis à mort. De quelle
frayeur ne fus-je point faiſie! Je cou-
rus vers ma Barque, mais je ne pus
y arriver aſſez promptement pour
me ſouſtraire à ſa pourſuite ; il y
entra en même temps que moi ;
nous voguâmes auſſi-tôt avec une
viteſſe merveilleuſe : il étoit au dé-
eſpoir de ſe voir éloigné ſi fort de
ſon Iſle : c'étoit-là le ſujet des mauvais traitemens qu'il me faiſoit.

Elle finiſſoit ces paroles, lorſque
la Barque s'arrêta. Le jeune Prince
pouvoit-il ne pas croire qu'elle
plaiſantoit, lorſqu'elle lui dit qu'ils
étoient arrivés à la demeure d'Artemidore ; il ne voyoit de tous côtés
que le ciel & la mer ; mais à l'inſ-

tant même il lui sembla que mille
nuages se dissipassent, il vit une petite Isle dont l'aspect étoit des plus
rians.

Ils mirent pied à terre, & à peine eurent-ils fait quelques pas que
le sage Artemidore se présenta devant eux ; c'étoit un vieillard vénérable, dont le corps presque tout
courbé ne pouvoit se soutenir qu'à
l'aide d'un bâton. Il fit à Rosiclair
un accueil des plus gracieux. Quelles obligations ne vous ai-je point,
brave Prince, lui dit-il, lorsque ma
fille vint au monde? que je sçus que
vous deviez la délivrer d'un très
grand péril : mais le Ciel ne permit
point que je connus en quel tems
ni de quelle maniere la chose devoit arriver. Comptez sur ma re-
connoissance & sur toutes sortes
de secours de ma part, dans les oc-
casions où je pourrai vous être de
quelque utilité. Il conduisit ensuite
le

e jeune Prince à son Palais, Ro-
clair ne put voir qu'avec admi-
ation des corps de logis magnifi-
ues, bâtis à la moresque, avec tout
art & l'industrie possibles : tout
annonçoit la puissance de celui qui
voit élevé un si merveilleux édi-
ce.

Quelque obligeantes que parus-
ent au jeune Prince les manieres
'Artemidore, il ne se voyoit qu'a-
ec beaucoup de peine arrêté dans
on Isle. Le Sage se fit pendant quel-
ues jours un plaisir de son embar-
as, il ne voulut pas néanmoins le
aisser plus long-temps en suspens :
e croyez pas, lui dit-il, que je
euille vous retenir ici ; je sçais que
otre dessein est d'aller en Angle-
erre pour y recevoir l'ordre de
Chevalerie, je veux vous y accom-
agner, ce sera pour moi un ex-
rême plaisir d'être témoin d'une
artie des hauts faits d'armes qui

II. Partie.   D

rendront votre nom un des plus
illuſtres du monde entier, après
celui du Damoiſeau du Soleil votre frere.

De quels tranſports de joie le jeune
Prince ne fut-il point animé en en-
tendant parler au Sage, d'un frere
ſur le ſort duquel il ſouhaitoit extrêmement d'être éclairci. Une
puiſſance ſupérieure l'a préſervé de
la fureur des ondes, reprit Artemidore, il a reçu l'Ordre de Chevalerie, & a déja executé tant de
merveilles, qu'il n'y a ſur la terre aucun homme qui puiſſe lui être com-
paré ; mais il eſt dans un pays trop
éloigné de celui-ci, pour que vous
puiſſiez entreprendre de le chercher ; vous vous trouverez quelque
jour réunis tous les deux avec la
Princeſſe Briane votre niece, elle
aura pour lors retrouvé ſon époux.
Ce Prince un des plus puiſſans qu'il
y ait dans le monde, lui fera bien-

tôt oublier toutes les inquiétudes
que lui aura caufées la perte de
Théodoart, & elle connoîtra la
vérité de ce qui lui a déja été an-
noncé, que ce fils du Roi d'Angleterre étoit mort avant qu'il fût
feulement queftion de vôtre naiffance. Ne m'en demandez point
davantage ; voilà tout ce qu'il
m'eft permis de vous révéler.

Rofıclair ne fçavoit que penfer
de ce que venoit de lui dire Artemidore. Sa mere lui avoit appris
qu'il tenoit le jour de Theodoart :
Comment pouvoit-il fe faire que
ce Prince fût mort avant qu'il lui
eût donné la naiffance ? & en fup-
pofant qu'il ne fût plus au monde,
comment Briane pouvoit-elle retrouver fon Epoux ? Toutes ces
chofes lui paroiffoient impoffi-
bles à concilier ; mais fans vouloir percer un myftere que l'on
paroiffoit déterminé à lui cacher,

il ne fongea qu'à profiter des bontés que le Sage lui témoignoit. Il
fouhaitoit avec paffion de fe trouver au Tournois de Londres], Artemidore fe difpofa à le fatis-
faire.

Tout étoit en grand mouvement
à la Cour du Roi Olivier ; les che-
mins qui conduifoient à la Capitale, étoient couverts d'une multitude prodigieufe de monde de tout
état, que la curiofité de voir une
Fête auffi magnifique, attiroit de
tous les côtés.

L'envie d'acquerir de l'honneur
dans les joûtes, n'étoit pas le feul
motif qui avoit conduit en Angleterre une quantité étonnante de
Princes & de Chevaliers de toutes
les contrées de l'Europe ; ce que
la renommée avoit publié dans
toutes les Cours, de la beauté de
l'incomparable Olive, avoit fait
naître partout une extrême envie

de la voir. Depuis la perte du Prince Theodoart, elle réunissoit toute la tendresse du Roi, & elle devoit être l'héritiere de son Royaume. Les charmes de sa personne, plus encore que cette raison, lui avoient extrêmement attaché Dom Sylvere fils aîné du Roi de Portugal, mais cette fiere Princesse dédaignoit son hommage ; quoiqu'elle ne fût encore que dans sa quatorziéme année, elle étoit déja susceptible du plus grand discernement ; un mérite ordinaire n'étoit pas capable de faire quelque impression sur son cœur.

Le terme fixé pour l'ouverture du Tournoi étoit arrivé, rien n'empêchoit que l'on ne le commençât, un bruit de trompettes qu'accompagnoit celui de beaucoup d'autres instrumens militaires se fit entendre dans toute la Ville.

Une grande quantité de Cheva-

liers étoient déja entrés en lice; Dom
Silvere, les Princes Lyriamandre &
Bariandel avoient, aussi - bien que
beaucoup d'autres, signalé leur force
& leur adresse, lorsqu'on vit entrer
dans la place un prodigieux Géant;
son magnifique Coursier pouvoit à
peine porter la masse énorme de
son corps : on sçut bien-tôt que
c'étoit Brandagedeon, Souverain
des Isles Baléares.

Le Roi craignit d'abord que ses
Chevaliers n'osassent pas se mesurer contre un si formidable adversaire; mais un homme de sa Cour
se presenta aussi-tôt pour soutenir
l'honneur de la Noblesse Angloise :
le succès ne répondit cependant
point à l'ardeur qu'il témoignoit;
le Géant le renversa lui & son cheval d'un coup de lance. Une grande
quantité de Princes & de Chevaliers, eurent successivemenr le même sort. Le Roi en étoit au désef-

poir & les bravades de Brandagedeon augmentoient encore fon
chagrin. Ce fier Géant voyant que
perfonne n'ofoit plus fe préfenter
pour le combattre , avoit levé la
vifiere de fon cafque : Chevaliers,
crioit-il , de toutes fes forces, aviez
vous pu vous flatter de vaincre
Brandagedeon ? reconnoiffez donc
que perfonne n'eft plus digne que
moi des prix propofés pour les joûtes.

A peine avoit-il fini ces paroles
que l'on vit arriver un Vieillard
vénérable , fa barbe blanche def-
cendoit jufqu'à la ceinture ; il étoit
vêtu d'une longue robe , & étoit
monté fur une Mule.

A côté de lui étoit un Gentilhomme , dont les armes blanches
étoient toutes femées de pierreries;
on étoit charmé de la grace avec
laquelle il manioit fon Cheval , il
étoit un des hommes du monde le

mieux fait. Après eux venoit une
jeune Dame montée fur une Haquenée. Elle s'arrêta à un des coins de
la place, & avec une adreffe mer-
veilleufe elle y tendit en un inftant
un grand pavillon tiffu d'une bro-
derie admirable d'or & de foye,
on n'avoit jamais rien vu de fi beau,
il étoit l'ouvrage d'Artemidore, &
c'étoit ce Sage qui venoit d'entrer
dans le camp avec Rofliclair; le
jeune Prince ne vouloit être connu
de perfonne, il avoit baiffé la vifiere.

Pendant que chacun admiroit la
magnificence du pavillon, ils s'a-
vancerent fous les fenêtres du Roy.
Le Ciel veuille t'accorder toutes
fortes de profpérités, dit Artemidore à ce Prince, après s'être fait
connoître, & que la gloire de la
noble Chevalerie de ta Cour s'aug-
mente chaque jour. Je fuis venu
pour te fupplier de vouloir bien

donner l'Ordre de Chevalerie à ce
jeune Etranger ; je voudrois qu'il
me fût permis de t'apprendre qui
il eſt, mais ſois aſſuré que ſa naiſſance le rend digne de recevoir cet
honneur d'un auſſi grand Roy.
Lorſque tu connoîtra ſes héroïques
qualités, tu ſera charmé toi-même
de l'honneur que tu lui aura fait ;
la tente que tu vois ſera le prix
de la valeur qu'aura témoignée celui qui pourra le vaincre dans les
joûtes.

Sage Artemidore., répondit le
Roy, la grande réputation que
votre profond ſçavoir vous a ac-
quiſe, m'avoit fait ſouhaiter il y a
long-tems de vous connoître ; pour-
rois-je refuſer à ce Gentilhomme
ce que vous me demandez pour lui?
Le Sage & Roſiclair monterent
auſſi-tôt à l'appartement du Roy,
ce Monarque conféra ſur le champ
à ce jeune Prince l'Ordre de Chevalerie.   D v

Ce qu'Artemidore avoit dit au Roy avoit bien tôt été publié dans tout le camp, l'air de nobleſſe que l'on voyoit répandu dans toute la perſonne du nouveau Chevalier intéreſſoit tout le monde pour lui, il n'y avoit perſonne qui ne ſouhaitât qu'il rabatît la fierté de Brandagedeon. Cet orgueilleux Géant enchanté de la beauté du pavillon étoit dans la plus grande impatience de commencer le combat, il croyoit que ce magnifique meuble ne pouvoit lui échapper; mais il ne connoiſſoit pas l'ennemi contre lequel il devoit avoir affaire: de quelle rage ne fut-il point ſaiſi lorſque du premier coup de lance que lui porta Roſiclair, il le renverſa de cheval. Mille cris de joie s'éleverent auſſi-tôt de toutes parts, tout retentiſſoit des louanges du nouveau Chevalier.

Si jamais le cœur de ce jeune

Prince fe trouva fenfible à la victoire remportée fur un ennemi redoutable , ce fut principalement
dans cette occafion. La belle Olive
étoit fpectatrice du Tournoi ; on
avoit dreffé pour elle une magnifique eftrade , fur laquelle elle étoit
avec les Dames de fa fuite. Rofıclair
n'avoit point encore connu l'a-
mour , il ne fçut d'abord ce que
vouloit dire le trouble extraordinaire dont il fe fentit agité à la vue
de l'incomparable Princeffe ; mais
lorfqu'il ne lui fut plus poffible de
méconnoître un feu dont la violence augmentoit à chaque inftant,
combien ne redoubla point en lui
l'ardeur qu'il avoit eue jufque-là
pour la gloire! Dans l'extrême defir
qu'il avoit de fe diftinguer aux
yeux de la belle Olive , il auroit
voulu en quelque maniere avoir le
monde entier à combattre, rien ne
lui fembloit au-deffus de fon courage.   D vj

On peut donc juger de la joie qu'il reſſentit lorſqu'il vit les Princes & les Chevaliers du Tournoi ſe diſpoſer à ſe meſurer contre lui. La défaite du Géant avoit ranimé leur ardeur , il s'en préſenta un grand nombre pour entrer en lice, mais ils ne ſervirent qu'à augmenter le triomphe de Roſiclair; il en déſarçonna plus de cinquante. Dom Silvere ſe préſenta enſuite ; il vouloit réparer aux yeux de la Princeſſe la honte d'avoir été vaincu par le Géant , mais il ne fut pas plus heureux dans ce nouveau combat ; il fut porté à terre du premier coup de lance.

Quelle fut la ſurpriſe de la Princeſſe lorſqu'elle ſentit à cet évenement s'élever dans ſon cœur une joie qui ſembloit la diſpoſer à des ſentimens dont elle avoit été bien éloignée juſque-là. Elle n'avoit pu voir ſans une eſpece d'émotion les

graces dont étoit remplie toute la
perſonne du Prince. La valeur qu'il
avoit fait paroître en combattant le
Géant , avoit augmenté les diſpoſi-
tions favorables dans leſquelles elle
étoit déja pour lui, & elle avoit vu
avec une ſorte de plaiſir dont elle n'a-
voit point encore apperçu la ſource,
les ſentimens d'admiration qu'a-
voient fait naître de toutes parts ſon
adreſſe & ſon courage ; mais ce
qu'elle éprouva pendant le combat
qu'il ſoutint contre Dom Silvere ,
commença à l'éclairer ſur la ſitua-
tion dans laquelle elle ſe trouvoit :
elle eut ſoin de renfermer en elle-
même des ſentimens auſquels elle
étoit bien réſolue de ne ſe point livrer , ſi celui qui en étoit l'objet ne
ſe trouvoit point d'une naiſſance
égale à la ſienne.

La plus grande partie du jour
étoit déja paſſée , & l'ardeur de
ceux qui avoient voulu combattre

contre le Chevalier nouveau commençoit à fe rallentir. Les deux
Princes Bariandel & Lyriamandre
ne s'étoient point encore mefurés
contre lui, ils entrerent en lice l'un
après l'autre, mais que durent-ils
penfer lorfqu'ils virent que Roficlair en courant contr'eux avoit
hauffé fa lance; ce jeune Prince
les avoit reconnus à la devife de
leurs armes, il avoit reçu leurs
coups fans en avoir été ébranlé, &
n'avoit point voulu leur faire fentir les fiens. Ils ne fçavoient ce que
pouvoit fignifier une chofe qui leur
paroiffoit fort extraordinaire, ils
virent bien cependant qu'il falloit
que ce Chevalier les connût; ils
auroient été tentés de croire que
ce pouvoit être Roficlair, mais il
étoit fi jeune que quelque preuve
qu'il leur eût donnée de fon courage dans fon combat avec le Géant
fur la mer, ils ne le croyoient pas

capable d'exécuter la moitié des
chofes qui venoient de fe paffer.
Dans l'envie qu'ils avoient de courir à partie égale avec ce Chevalier, ils mirent par-deffus leurs armes une cafaque jaune, & fe pré-
fenterent de nouveau dans le camp.
Rofíclair ne pouvoit plus les reconnoître, il lutta contr'eux, & les
porta à terre l'un après l'autre du
premier coup de lance. Ces deux
combats terminerent la première
journée du Tournoi.

Le jeune Prince fe trouva en un
moment environné d'une foule de
monde, on croyoit qu'il alloit fe
faire connoître, chacun vouloit
voir un Chevalier dont la force
prodigieufe & la valeur extraordinaire avoient caufé une furprife gé-
nérale. Le Roy même lui donna
des marques de l'eftime qu'il avoit
conçue pour lui, ce Prince avoit
une extrême envie de le voir dé-

armé ; il le pria de prendre un appartement dans son Palais, mais quelque sensible que fût Rosiclair à cette marque de la bonté du Roy, il supplia ce Monarque de trouver bon qu'il allât retrouver à sa tente le Sage qui l'avoit conduit en ce lieu.

Le concours fut prodigieux le lendemain, on vouloit voir si le Chevalier nouveau soutiendroit la grande réputation qu'il s'étoit faite dans la premiere journée. Dès que la Princesse parut, les trompettes se firent entendre : une grande quantité de Chevaliers se présenta aussi-tôt pour joûter contre Rosiclair, ils étoient moins sensibles au gain qu'ils feroient du riche pavillon qu'à l'honneur qu'ils acquéreroient s'ils pouvoient vaincre un Chevalier qui avoit si fort signalé sa bravoure ; mais le jeune Prince animé par la vue de la belle Olive, pouvoit-il

raindre aucun de ces adverfaires ?
l défarçonna tous ceux qui couru-
ent contre lui.

Ces fuccès continuels de Roficlair commençoient à rebuter tous
es Chevaliers ; il en reftoit très-
peu qui vouluffent fe mefurer avec
ui , lorfque l'on vit paroître un
énorme Géant. Il étoit monté fur
un Cheval d'une taille extraordinaire , & d'une voix terrible il
crioit que l'on eût à lui faire place ;
après lui venoit une Dame montée
fur une haquenée , on voyoit à fa
contenance qu'elle étoit obfédée
d'une grande trifteffe.

Elle s'approcha de l'endroit où
étoit le Roy : Grand Prince , lui
dit-elle , le bruit que fait dans
toutes les parties du monde la valeur des Chevaliers de ta Cour m'a
fait venir ici d'un pays fort éloigné.
Je fuis envoyée par une Reine que
l'on nomme Julia , fon Empire eft

dans un endroit de l'Orient, qui
n'eſt pas éloigné du grand Catay.
Le pere de cette Princeſſe étoit un
grand Magicien, il l'inſtruiſit dans
ſon art, & elle y fit bien-tôt des
progrès conſidérables.

Elle ne fut pas long-tems ſans
voir quel bonheur il réſultoit pour
elle de l'étude qu'elle avoit faite de
cette ſcience, ſes grandes lumieres
lui firent connoître que deux
Géants devoient un jour la faire pri-
ſonniere, qu'il n'y avoit qu'un Chevalier dans le monde qui pût la délivrer en combattant ſes deux ennemis enſemble, & que ſi ce Chevalier étoit vaincu, elle demeure-
roit en leur pouvoir.

Vous pouvez juger, grand Roy,
de l'allarme dans laquelle la mit
cette découverte ; où trouver ce
Chevalier, qui ſeul avoit le pouvoir de la défendre ? pouvoit-elle
ſe flatter qu'il ſe rencontreroit à

propos au moment où elle auroit
besoin de son secours ? son art lui
fournit bien-tôt le moyen de s'é-
claircir d'une chose qui devoit être
pour elle d'une conséquence si ter-
ible ; elle forgea une épée qu'elle
rendit la meilleure qu'il y ait peut-
être dans le monde, & par le charme qu'elle sçut en même tems y
attacher, il n'y aura que celui qui
par le décret du destin peut seul la
délivrer qui pourra la tirer du four-
eau.

Il falloit chercher cet homme
unique ; il y a trois ans que par l'ordre de Julia je parcours tous les
pays du monde ; une multitude de
Chevaliers ont essayé de tirer l'é-
pée du fourreau, aucun n'a pu en
venir à bout. Sur le bruit des pré-
paratifs qui se faisoient en cette
Cour pour l'exécution d'une fête,
je me suis flattée que dans le grand
nombre de Chevaliers qui devoient

y affister, je trouverois peut-être celui qui est l'objet de mes recherches; mais à peine étois-je fortie du Vaisseau qui m'a conduit dans cette Isle, que j'ai rencontré Candramarte, ce disgracieux Géant, il a voulu essayer l'épée, & quelques efforts qu'il ait pu faire, il n'a pu la tirer; mais jugez de mon défespoir: quelques instances que je lui aye faites, je n'ai pu obtenir de lui qu'il me la rendît, il ne veut la remettre qu'au Chevalier qui voudra entreprendre de le combattre, & qui pourra le vaincre.

Oui, ajoûta aussi-tôt Candramarte, ce ne sera qu'à ce prix que l'on pourra obtenir de faire l'essai de l'épée; mais peux-tu te flatter, ajoûta-t'il, en adressant la parole à la Dame, qu'elle te soit jamais rendue? S'il se trouve quelque Chevalier assez insensé pour oser se mesurer contre moi, peux-tu douter

u'il ne reçoive à l'inſtant le prix
le ſa témérité ?

Sçais-tu , lui dit auſſi-tôt Roſiclair , irrité au dernier point de
'orgueil du Géant , qu'il eſt ici des
Chevaliers qui pourroient te punir
le ton inſolence ? Tu rendras à
'inſtant à cette Dame l'épée que tu
ui a priſe , ou je trouverai bien le
noyen de t'y contraindre.

On entreprendroit inutilement
le donner une idée de la colere
dont le Géant fut tranſporté , lorſqu'il entendit ces menaces. Songes-
tu bien aux ſuites du défi que tu
me fais, dit-il au jeune Prince avec
des yeux étincelans de fureur; mais
Roſiclair pour toute réponſe prit
du champ , & ſe diſpoſa à courir
ſur lui. La belle Olive n'étoit pas
pendant ce tems-là ſans quelqu'inquiétude; elle ſentoit que ſon cœur
prenoit plus d'intérêt qu'elle n'auroit voulu au ſort du Chevalier

nouveau, la fiere contenance du
Géant lui faiſoit appréhender l'é-
venement du combat qui alloit ſe
donner.

Candramarte courut ſur le Chevalier avec une impétuoſité ſurpre-
nante, il lui porta un coup terrible, le jeune Prince en fut preſque
renverſé ſur la croupe de ſon Cheval, mais celui qu'il porta au Géant
fut bien plus furieux, il l'atteignit
au milieu de l'eſtomach, & le renverſa par terre. La douleur que reſſentit Candramarte l'empêcha pendant quelques momens de ſe relever, il fut bien-tôt ſur pied cependant, & mit auſſi-tôt le cimetere
à la main. Roſiclair n'avoit point
d'épée, on lui en préſenta une que
le Roy lui envoyoit, mais il avoit
fait ſerment de n'en point porter
qu'il ne l'eût gagnée en combattant, il fit remercier ce Prince.

Quel fut l'étonnement de tous

es spectateurs, lorsqu'on vit que
ans armes offensives il alloit combattre un ennemi auffi redoutable ! Il n'y eut perfonne qui ne
penfât que ce ne fût une grande témérité de fa part, & l'on plaignoit
déja le malheureux fort auquel on
croyoit qu'il ne pouvoit échapper.
Le Géant lui-même étoit furpris
de fa hardieffe : penfe-tu donc me
combattre fans épée, lui dit-il ?
Quand tu en aurois une meilleure
que celle de la Reine Julia, tout
le pouvoir des Dieux ne pourroit te
fouftraire à ma vengeance. Je crains
peu tout ce que tu peux faire contre moi, lui répond le jeune Prince;
cette épée avec laquelle tu te dif-
pofe à m'attaquer, ne reftera pas
long-tems en tes mains.

Le Géant à ce difcours ne fe pof-
féda plus; il s'avança fur Rofclair,
& lui porta un coup fi furieux fur
la tête, que la trempe excellente du

casque put à peine y réfister , le
jeune Prince tomba fur les genoux.
Il ne donna pas le tems au Géant
de redoubler , il fe releva auffi-tôt,
& fautant de côté avec une légereté furprenante toutes les fois que
Candramarte levoit fon épée pour
le frapper , de vingt coups que portoit le Géant, à peine y en avoit il
un qui l'atteignît.

Il n'étoit pas poffible néantmoins
qu'il réfiftât long-tems à un combat fi inégal. Depuis une heure &
demie qu'il duroit il n'avoit fait
que des efforts inutiles pour prendre le Géant au corps, Candramarte lui préfentoit toujours la pointe
de l'épée. A la fin il fçut faifir fi à
propos le tems que Candramarte
tenoit fon épée à deux mains pour
le frapper fur la tête qu'il s'élança
fur lui à corps perdu , & mettant
la main à la poignée de l'épée de
la Reine Julia que le Géant portoit

à

à son côté, il la tira du fourreau. Candramarte que la violence du coup qu'il avoit porté à faux, avoit pensé faire tomber, ne put assez promptement saisir Rosiclair ; le jeune Prince recula trois pas, & se mit aussi-tôt en devoir d'attaquer à son tour le Géant.

Mille cris confus s'éleverent de toutes parts, lorsqu'on vit l'épée de la Reine Julia entre les mains de Rosiclair : quelle joie pour la Dame à laquelle le Géant l'avoit enlevée ! On commença alors à prendre sur le succès du combat des idées bien différentes de celles que l'on avoit eues jusqu'à ce moment ; Candramarte consterné d'un évenement auquel il s'étoit si peu attendu, ne faisoit qu'une résistance assez foible. Il ranima cependant toutes ses forces, & voulut faire un dernier effort ; croyant avoir trouvé le moment de prendre Rosiclair à son avantage, il leva à deux mains son cimetere; mais le jeune Prince se mit aussi-tôt en défense, & d'un revers qu'il lui tira aux bras avec une force extraordinaire, il les lui coupa tous les deux près du coude. Le Géant poussa alors des rugissemens affreux, il conjuroit Rosiclair de lui ôter la vie, mais le jeune Prince auroit cru se déshonorer s'il avoit trempé ses mains dans le sang d'un ennemi qui n'étoit plus à craindre; il lui prit le fourreau de l'épée qu'il avoit encore à son côté. Candramarte lui fit en se retirant les menaces les plus terribles.

Rosiclair remonta aussi-tôt à cheval, & attendit dans le camp que quelque Chevalier voulût entrer en lice contre lui; mais les grandes choses qu'on lui avoit vû faire avoient donné une si haute idée de sa valeur que personne ne se presenta.

Il ne devoit pas y avoir beaucoup de difficulté pour la délivrance des prix : tous les Princes & les Chevaliers difoient unanimement qu'ils étoient dûs au Chevalier nouveau. Le Roi voulut que le vainqueur les reçût des mains de la Princeſſe. Quelle émotion ne reſſentit point la belle Olive, lorſqu'elle vit à ſes genoux un homme auquel ſon cœur commençoit à s'intéreſſer auſſi ſenſiblement ! Une rougeur qu'elle ne fut pas maîtreſſe d'empêcher, couvrit ſon viſage. Le jeune Prince n'avoit point hauſſé la viſiére : refuſerez-vous, lui dit-elle, de faire connoître un Chevalier, donſ les actions éclatantes ont fait l'admiration de toute cette Cour ? vous vous êtes acquis trop de droits ſur nôtre eſtime, pour que nous puiſſions vous permettre de vous cacher davantage.

Roſiclair étoit dans un trouble

E ij

inconcevable; quelque flatteur que
dût être pour lui le triomphe dont
il jouissoit, il n'étoit sensible qu'au
plaisir qu'il ressentoit d'etre auprès de la belle Olive; s'il avoit pu
connoître toutes les victoires qu'il
avoit remportées , celles qui
lui avoient attiré les paroles gra-
tieuses que venoit de lui adresser
la Princesse, n'auroient certaine-
ment point été les plus cheres à son
cœur. Il n'étoit pas possible qu'il se
refusât à l'ordre qu'elle venoit de lui
donner, il ôta son casque. La joie
de Bariandel & de Lyriamandre fut
extrême lorsqu'ils le reconnurent.
L'aventure du Vaisseau leur avoit
déja donné une haute idée de ce
jeune Prince; mais les choses ex-
traordinaires dont ils venoient d'ê-
tre témoins, leur firent porter jufqu'à une espéce de vénération l'attachement qu'ils avoient conçu
pour lui.

Dans les difpofitions où fe trouvoit déja la Princeffe, pouvoit-elle
voir indifféremment la grande
beauté de Rofíclair ? Elle s'efforça
de cacher fon trouble, & mettant
la couronne fur la tête du jeune
Prince, lui attachant enfuite le collier : recevez lui dit-elle, les prix
que vous a mérités votre valeur.
Rofíclair avoit peine à modérer les
tranfports dans lefquels il étoit.
Quelque prétieufe que foit pour
moi la faveur que je reçois de la
main d'une auffi grande Princeffe,
épondit-il, agréez cependant, Ma-
dame, que je ne conferve point
cette couronne ; je m'eftimerai le
plus heureux des mortels fi la plus
belle perfonne qu'il y ait dans le
monde veut bien la recevoir de ma
main ; je garderai le collier feulement pour pouvoir me dire votre
Chevalier : en difant ces mots il
mit la couronne fur la tête de la

belle Olive. Cette action de Roficlair augmenta encore la rougeur
dont étoit couvert le vifage de la
Princeffe ; elle ne la vit pas fans
une forte de plaifir , cet hommage que le jeune Prince avoit rendu
à fes charmes pouvoit être l'effet
de quelque impreffion qu'elle eût
faité fur fon cœur ; elle n'ofoit cependant pas trop fe livrer à tout
ce que cette penfée pouvoit avoir
de flatteur pour elle.

On avoit été dire au Roi que
le Chevalier nouveau venoit de fe
faire connoître , on lui avoit appris en même tems la galanterie
qu'il avoit faite à la belle Olive ;
ce Prince avoit une impatience
extrême de le voir , l'accueil qu'il
lui fit ne pouvoit pas être plus gracieux. Tous les Princes & les Sei-
gneurs s'empefferent enfuite à lui
demander fon amitié. Quel plaifir
pour le jeune Prince de fe voir re-

çu d'une maniere aussi favorable
dans une Cour à laquelle un intérêt extrêmement cher à son cœur, le
disposoit à s'attacher pour jamais.

Pendant qu'il se livroit à la satisfaction que pouvoit faire naître
dans son cœur une situation aussi
agréable , l'esprit de vengeance
qu'inspiroit à quelques uns de ceux
qu'il avoit vaincus dans le Tournoi , la honte de leur défaite lui
préparoit de nouveaux sujets de
gloire. A peine y avoit-il un mois
que cette grande Fête étoit ter-
minée , que l'on vit arriver une
Dame , qu'envoyoit la Princesse
Briane, pour sçavoir si l'on avoit
eu quelques nouvelles du Prince
Theodoart ; elle n'étoit pas fort
éloignée de Londres , lorsqu'elle
avoit été rencontrée par Brandagedeon , ce Géant que Rosiclair
avoit désarçonné dans les joûtes.
Il avoit enlevé à cette Dame un

E iv

coffret rempli de bijoux d'un très-
grand prix, que Briane l'avoir chargée de préfenter de fa part à la belle
Olive, & lui avoit dit qu'il ne le
rendroit qu'au Chevalier nouveau
s'il ofoit venir le lui demander.

Roficlair étoit prefent au récit
que cette Dame fit au Roi de ce
qui venoit de lui arriver ; un mouvement d'indignation fe fit auffi-
tôt fentir dans fon cœur : quand
il auroit pu méprifer le défi que lui
faifoit le Géant, pouvoit-il laiffer
impunie l'infulte qui venoit d'être
faite aux deux Princeffes ? il pria
la Dame de le conduire à l'endroit
où étoit Brandagedeon ; & quelques inftances que lui puffent faire
Bariandel , Lyriamandre & plu-
fiéurs autres Princes & Chevaliers,
il ne voulut jamais permettre qu'ils
l'accompagnaffent.

Que de queftions ne lui fit-il
point lorfqu'il fe trouva feul avec

elle ? Il l'avoit très-bien reconnue,
elle se nommoit Arnide, c'étoit une
des Dames de la Cour de la Princesse Briane ; sa surprise avoit été
égale à sa joie , lorsqu'elle avoit
vu Rosiclair. Quelque diversion
qu'eût faite dans le cœur du jeune
Prince tout ce qui lui étoit arrivé
depuis qu'il étoit sorti du lieu où
il avoit passé son enfance, l'extrême chagrin qu'il se reprochoit d'a-
voir causé à une tendre mere ,
avoit toujours été pour lui une
source intarissable d'inquiétudes ;
Arnide prit occasion de ce que
Rosiclair lui dit à ce sujet , pour
essayer de le déterminer à revenir
au Monastere; mais son amour pour
la belle Olive , le desir de continuer à se signaler dans l'exercice
des armes , tout l'empêchoit de
prendre ce parti, Arnide ne fit pour
l'y engager que des efforts inutiles.

L'extrême envie qu'il avoit de

E v

joindre le Géant, lui faisoit faire
beaucoup de diligence, il le trouva
sur le bord de la mer, douze de
ses gens étoient dans une Barque;
il sembloit qu'ils voulussent aller
gagner un Vaisseau qui étoit à une
demi - lieue du bord.

Brandagedeon reconnut le jeune
Prince à ses armes, il courut aussi-
tôt au-devant de lui, & l'attaqua
avec une fureur surprenante; mais
le vainqueur du redoutable Candramarte pouvoit-il craindre un ennemi dont il avoit déja une fois hu-
milié la fierté ? Quelque terribles
que fussent les coups que le Géant
portoit à Rosiclair, ils ne faisoient
point d'effet sur le jeune Prince;
il les paroit toujours avec beaucoup
d'adresse. Il n'en étoit pas de même de Brandagedeon ; Rosiclair
trouva plusieurs fois le défaut de
ses armes & le blessa en plusieurs
endroits ; Arnide vit avec une

grande joye que le fang que perdoit Brandagedeon l'affoiblissant peu à peu, il commençoit à ne plus frapper le jeune Prince avec tant de vigueur.

Mais les espérances qu'elle en concevoit ne durerent pas long-tems; elles firent place à la plus mortelle frayeur, lorsqu'elle vit les Chevaliers du Géant accourir au secours de leur maître. Ce fut alors que Roficlair se vit dans la nécessité de ranimer toute sa valeur, on ne pouvoit pas être dans un danger plus grand que celui où il se trouvoit. Il se défendoit avec une intrépidité dont ses ennemis étoient eux-mêmes surpris, il sembloit que la fureur dans laquelle le mettoit leur lâcheté redoubloit ses forces, & plusieurs reçurent de sa main le prix qu'elle méritoit. Mais après tout, le combat étoit trop inégal pour qu'il pût se flatter de n'y pas fuccomber, lorfqu'un fecours qui'ne pouvoit pas venir plus à pro- pos fit en un moment changer la fcène.

Arnide avoit pris la fuite dès qu'elle avoit vu le péril dans lequel étoit Rofîclair; elle n'avoit pas fait beaucoup de chemin lorfqu'elle ren- contra deux Chevaliers; c'étoient Bariandel & Lyriamandre, que la crainte de quelque trahifon de la part du Géant avoit fait fortir de Londres pour aller fur les pas de Rofîclair. Si la générofîté peut trou- ver quelque accès dans vôtre cœur, leur dit Arnide les larmes aux yeux, venez au fecours d'un Chevalier qu'un horrible Géant, fecondé par plus de vingt hommes de fa fuite, veut priver du jour.

L'effroi des deux Princes fut ex- trême; ils ne pouvoient douter que celui pour lequel on imploroit leur fecours ne fût Rofîclair, ils pouffe-

ent leurs chevaux avec rapidité
vers l'endroit qu'Arnide leur indi-
qua.

Le péril dans lequel ils virent
leur ami excitant leur courage ,
leurs coups terribles porterent la
mort de tous les côtés. De quatorze
Chevaliers qui reftoient lorfqu'ils
arriverent fept furent en très-peu
de tems mis hors de combat ; le
Géant porta bien-tôt lui-même la
peine de fa perfidie , Rofîclair fit
omber fur lui à deux mains un
coup d'épée qui lui fendit la tête.
Cette exécution fut bien-tôt fuivie
d'une pleine victoire , une demi-
heure après il ne refta pas un feul
des Chevaliers du Géant.

Rofîclair pénétré de la reconnoif-
fance que lui infpiroit un fervice fi
important , fit aux deux Princes les
plus tendres remercimens. L'extrême attachement qu'ils avoient
conçu pour lui, leur faifoit fort fou-

haiter qu'il voulût ne se point sé-
parer d'eux ; ils lui firent part du
dessein qu'ils avoient de ne retourner à la Cour que lorsqu'ils auroient
parcouru toute l'Angleterre, il leur
offrit de les accompagner.

Cette résolution modéra un peu
la joie que ressentoit Arnide de
l'heureuse réussite d'un combat qui
lui avoit causé de si mortelles
frayeurs ; il fallut bien cependant
qu'elle se contentât des raisons que
lui donnoit le jeune Chevalier, &
elle se chargea de rendre à la Princesse Briane sa mere une Lettre,
par laquelle il l'instruisoit de ce que
lui avoit appris Artemidore du Damoiseau du Soleil son frere.

Combien de diverses pensées agi-
terent l'esprit de Rosiclair, avant
qu'il se déterminât à remettre entre
les mains d'Arnide une autre Lettre, dont l'objet étoit bien pour le
moins aussi intéressant pour son
cœur !

Pendant près d'un mois qu'il avoit
paſſé auprès de la belle Olive, il n'a-
voit oſé prendre ſur lui de lui décla-
rer l'amour dont il bruloit pour elle:
s'il avoit craint de l'offenſer par l'a-
veu qu'il auroit pu lui en faire,
devoit-il ſe flatter qu'elle ne trai-
teroit point de témérité la voie
qu'il vouloit prendre pour l'en in-
former ? Mais que pouvoit-il attendre d'un amour qu'il tiendroit éternellement caché dans ſon cœur ? Il
prit donc le parti d'écrire à la Princeſſe; mais pour ne la point com-
promettre , il chercha quelque
moyen de faire paſſer ſubtilement
ſa Lettre dans ſes mains. Il ne crut
pas pouvoir imaginer rien de mieux
que de tâcher de la mettre dans le
coffret qui contenoit les bijoux deſtinés pour elle : on l'avoit trouvé
dans le bâteau du Géant ; Roſiclair
feignit d'être curieux de voir ce
qu'il contenoit, & ſans que perſon-

ne s'en apperçût, il y glissa adroite-
ment sa Lettre ; le coffret fut refer-
mé, & Arnide chargée de l'alle[r]
présenter à la Princesse.

Si le jeune Chevalier se livroit [à]
toutes sortes d'inquiétudes sur le[s]
suites favorables ou malheureuse[s]
que pouvoit avoir la démarche qu'i[l]
venoit de faire, l'amour ne causoi[t]
pas de moindres troubles dans l[e]
cœur de la belle Olive. Elle éprou[-]
va à la fois mille mouvemens diffé[-]
rens, lorsqu'elle vit la Lettre d[e]
Rosiclair. Le plaisir de se voir aimé[e]
d'un homme qui avoit déja fait tan[t]
de progrès dans son estime fut l'u[-]
nique sentiment auquel elle se li[-]
vra d'abord ; mais lorsqu'elle consi[-]
déra ensuite que celui auquel ell[e]
se trouvoit si fort disposée à pardo[n-]
ner la liberté qu'il venoit de pren[-]
dre avec elle, étoit un Chevali[er]
inconnu que sa naissance rendo[it]
peut-être très-peu digne d'une Pri[n-]

esse de son rang, elle se trouva
ans la plus grande perplexité.

Quelque chagrinante que dût
re pour elle une pareille situation,
lle n'avoit cependant rien encore
e comparable à celle où la mit
ien-tôt la plus mortelle douleur
ont son cœur pût être pénetré.

Arnide étoit restée pendant quel-
ues jours à Londres. Dans les diffé-
entes conversations qu'elle eut
vec la Princesse, elle l'instruisit de
a vie solitaire que menoit la triste
riane au Monastere de la Riviere,
t racontant ensuite tout ce qui
oncernoit les deux enfans qu'elle
voit voulu faire élever sous ses
eux, elle lui dit qu'ils étoient fils
'un Chevalier d'une naissance fort
rdinaire, que l'on appelloit Léo-
ard, & que celui qui venoit de
nettre à mort Brandagedeon étoit
n de ces deux enfans.

De quel coup affreux le cœur de

la tendre Princeſſe ne fut-il poin
frappé à ce fatal récit ? Elle n'avoi
heureuſement pour lors avec ell
que celle de ſes femmes qu'elle ché
riſſoit le plus , & avec laquelle ell
n'avoit jamais eu de réſerve. L
confidente ne s'apperçut pas plutô
de l'altération qui régnoit ſur l
viſage de la Princeſſe qu'avec beau
coup de préſence d'eſprit , elle ima
gina un prétexte pour éloigner Ar
nide. Il étoit tems qu'elle accourû
au ſecours de la déſolée Olive , ell
étoit évanouie , & Fidelia , ainſi ſ
nommoit cette femme , eut beau
coup de peine à la faire reveni
Pourquoi me rappelles-tu à la lu
miere, dit-elle à ſa confidente, lor
qu'elle eut repris ſes eſprits ? que n
laiſſois-tu mourir une infortuné
Princeſſe , à laquelle une foible e
pérance avoit rendu la vie ſuppor
table juſqu'à préſent , mais qui n
peut enviſager qu'avec le derni

léfefpoir l'abîme de malheurs auquel elle est condamnée pour jamais.

Fidelia n'eut garde dans ces premiers momens de vouloir mettre
des bornes à la douleur de la Princesse ; mais lorsque les premiers
transports furent passés, elle essaya
de lui mettre devant les yeux tous
les motifs qui pouvoient l'engager
à ne se point laisser surmonter par
le chagrin que lui causoit une passion qu'elle devoit tâcher d'effacer
de son cœur. Le plus sûr moyen d'y
parvenir étoit de commencer par
éloigner de sa présence celui qui
en étoit l'objet ; la belle Olive que
la raison supérieure en elle aux foi-
blesses de son cœur, obligeoit de
convenir de la justesse qu'elle avoit
trouvée dans les représentations
que lui avoit faites sa confidente,
écrivit quelques jours après par son
conseil une Lettre, par laquelle

elle ordonnoit à Rosiclair de ne jamais se présenter devant elle.

L'embarras étoit de la lui faire tenir, la confidente se chargea de le chercher pour la lui rémettre; elle se rendit aussi-tôt à l'endroit où s'étoit donné le combat de Brandagedeon, & s'étant informée en ce lieu de la route qu'avoit prise Rosiclair & les deux Princes, elle fit tant de diligence qu'en fort peu de tems elle se trouva très-peu éloignée d'eux.

Elle marchoit un matin dans une forêt, lorsqu'elle vit venir à elle six hommes qui étoient sortis du plus épais du bois ; c'étoient des voleurs qui depuis quelque tems épouventoient tout le pays par leurs brigandages : quelle fut sa frayeur lorsqu'ils voulureut l'obliger de les suivre ! Aux cris affreux qu'elle poussoit, accoururent trois Chevaliers elle reconnut bien-tôt Rosiclair &

es deux Princes, elle implora leur
ecours contre la violence que l'on
ouloit lui faire. Des six brigands,
rois furent en un moment mis
ors de combat, un inftant après
Rofclair en tua un autre ; les deux
jui reftoient, effrayés des coups ter-
ibles qu'on leur portoit, s'enfuirent
toutes brides ; les deux Princes
oulant exterminer ces miférables,
es pourfuivirent auffi-tôt , & s'en-
agerent avec eux dans le bois.

Fidelia ne fe voyoit qu'avec beau-
oup de peine obligée de porter la
ort dans le cœur de Rofclair, &
e reconnoître de cette maniere le
ecours qu'il venoit de lui donner.
Le repos de la Princeffe y étoit trop
ntéreffé, cependant pour qu'elle
ût fe difpenfer d'exécuter fa com-
niffion ; elle remit la Lettre au
rince en répandant beaucoup de
rmes. Rofclair étoit tout interdit
e l'état où il la voyoit , il prit la

Lettre en tremblant, & pendant qu'il étoit occupé à la lire Fidelia disparut.

Comment pouvoir repréfenter l'état dans lequel fe trouva le jeune Prince, lorfqu'il vit ce qu'elle contenoit. Le trouble le plus affreux s'empara de tous fes fens ; dans les tranfports qu'élevoit dans fon cœur le défefpoir le plus furieux, il étoit prêt à chaque inftant d'attenter fur lui-même. C'eft donc là, s'écrioit-il, le prix que reçoit l'amour le plus tendre & le plus violent qui fut jamais ; ce n'eft point affez de rebuter un cœur dont la cruelle Princeffe pouvoit feule faire la félicité, on m'accable de tout ce qu'a de plus outrageant le mépris le plus cruel ; on m'ordonne de fuir pour jamais. Un torrent de larmes accompagnoit ces triftes paroles ; Roficlair fut heureux que leur abondance contribua à calmer un peu

iolence de la fituation dans la-
:lle il avoit été d'abord.

près avoir encore paffé quelque
ıs à déplorer le malheur de fa
tinée, il fe détermina à la fin à
ıique parti qu'il devoit prendre;
narcha du côté de la mer, dans
tention d'y chercher quelque
fleau qui l'éloignât d'un lieu qu'il
voit pas cru devoir être fi funeſte
ır lui, lorſqu'il y avoit abordé
:c le fage Artemidore.

Il ne fut pas long-tems fans dé-
ıvrir une petite barque qui fem-
ıit venir vers l'endroit où il étoit.
ıand elle fut arrivée, Roficlair en
fortir une jeune Dame; elle ne
ıt pas plutôt apperçu, qu'à fes
nes elle reconnut qu'il étoit celui
'elle cherchoit. Seigneur, lui dit-
e, en verfant des larmes feintes,
ırriez-vous m'apprendre quel-
es nouvelles d'un Chevalier qui
emporté le prix au Tournoi de

Londres ; la renommée publie de
grandes chofes de fa valeur, que
crois qu'il n'y a que lui qui puiff
me fecourir dans mon infortune. L
jeune Prince qui auroit déja voul
être en mer, lui ayant dit qu'il éto
celui dont elle parloit ; qu'il ne m
ritoit pas les éloges qu'elle faifo
de lui, mais qu'il lui offroit ce q
étoit en fon pouvoir ; il y a près
ce lieu, reprit-elle, une Ifle où d
meure toute ma famille. Je vivo
heureufe avec un époux que je ch
ris, lorfqu'un Chevalier qui m'
voit recherchée, jaloux de la pr
férence que l'on avoit donnée à
autre, eft venu il y a quelques jou
avec plufieurs hommes armés no
furprendre dans notre Château
avec quelle frayeur n'ai-je point é
pendant quelque tems fpectatri
du combat ? mais il étoit trop in
gal par le nombre pour que le fu
cès pût être favorable pour no
lorfq

rfque j'ai vu que mon pere &
on époux étoient au moment d'ê-
e défarmés, j'ai couru vers la mer,
cette Barque m'a fervi d'afyle
ontre d'infâmes ravifleurs. J'ai
encontré plufieurs perfonnes qui
evenoient de la fête de Londres,
ur le récit que je leur ai fait de
on malheur, tous m'ont confeillé
'aller en Angleterre chercher le
Chevalier nouveau : que de graces
'aurai-je point à vous rendre, fi
ous voulez bien vous intéreffer
our moi. Rofíclair l'ayant de nouveau affurée qu'elle pouvoit comp-
er fur fon fecours, ils entrerent
dans la Barque.

Le cœur du jeune Prince n'avoit
jamais éprouvé d'agitations auffi
cruelles que celles qu'il reffentit
dans ce moment. Quelque dureté
qu'eût eue pour lui la Princeffe, &
quelque peu d'efpérance qu'il eût
dû conferver de la voir jamais dans

des fentimens plus favorables pour lui quand il feroit refté en Angle-terre, il fentoit bien cependant qu'il ne guériroit que très-difficilement d'une paffion qui avoit fait les progrès les plus rapides dans fon cœur; pouvoit-il être bien tranquille en s'éloignant pour jamais de celle qui en étoit l'objet?

Les deux Princes Bariandel & Lyriamandre le cherchoient pendant ce tems-là de tous les côtés. La pourfuite des deux brigands qui reftoient de ceux qui avoient voulu enlever Fidelia les avoit conduits affez loin, ils les avoient obligés de leur demander quartier, & ils s'é-toient contentés du ferment que ces deux malheureux leur avoient fait de renoncer à un genre de vie auffi deteftable.

Ils retournerent auffi-tôt à l'endroit où ils avoient laiffé Rofclair ne l'y ayant pas trouvé, ils em-

ployerent huit jours à le chercher.
Ils arriverent enfin au lieu où il s'é-
toit embarqué ; quelques Payſans
leur dirent qu'ils avoient vu entrer
dans une barque un Chevalier avec
une Dame ; de la maniere dont ils
le dépeignirent, les deux Princes
ne purent douter que ce ne fût Roſiclair. Ils crurent qu'il lui étoit ſur-
venu quelque choſe d'imprévu, &
qu'ils pouvoient ſe flatter que ſon
abſence ne ſeroit pas longue ; dans
cette confiance ils retournerent à
la Cour.

L'étonnement du Roy fut extrême lorſqu'ils lui apprirent cette
nouvelle, il ne ſçavoit que penſer
d'un départ auſſi prompt.

Il n'y avoit que la belle Olive
qui pût lui en expliquer le myſtere.
Quelle douleur n'avoit-elle point
reſſentie lorſqu'elle avoit vu partir
ſa confidente ? Quoiqu'elle convînt
de la neceſſité indiſpenſable qu'il y

avoit à éloigner d'elle Rosiclair,
elle ne pouvoit cependant s'empêcher de gémir sur la dureté de la loi
que sa gloire lui imposoit ; elle alloit même quelquefois jusqu'à sou-
haiter dans des momens de foiblesse
que Fidelia ne le trouvât point ;
mais lorsque sa confidente lui eut
appris qu'elle lui avoit remis sa Lettre, & que quelques jours après elle
fut instruite de son départ, ce fut
alors qu'elle eut peine à moderer
l'excès du mortel chagrin dont cette
nouvelle pénétra son cœur, elle se
reprochoit de faire le malheur d'un
homme qui n'étoit coupable que
par l'effet d'une passion dont elle
sentoit bien elle-même que l'on
n'est pas toujours le maître de s'affranchir.

La sage confidente étoit au dé-
sespoir. Elle se flattoit cependant
que ses soins & le pouvoir du tems
effaceroient du cœur de la belle

live une impreſſion qu'elle croyoit
·pable de faire le malheur de ſa
·e ; mais quelle fut ſa ſurpriſe,
·rſque quelques jours après elle ſe
·it dans le cas de ſe joindre à la
·rinceſſe pour gémir avec elle ſur
·loignement de Roſiclair.

Arnide n'étoit point encore par-
·e, elle attendoit que l'on eût ache-
·é de préparer quelques préſens
·ue l'on deſtinoit à la fille de Ty-
·ert. Cette femme avoit dit à la
·rinceſſe qu'elle étoit chargée d'u-
·e Lettre de Roſiclair pour Briane.
·Quelques efforts que fît la belle
·Olive pour tâcher d'oublier entiére-
·nent le jeune Prince, l'intérêt que
·nalgré elle elle prenoit toujours à
·out ce qui le regardoit, lui avoit
·ait ſouhaiter bien des fois de voir
·e que pouvoit contenir cette Let-
·re. Fidelia qui vouloit éloigner
·'elle des idées ſi contraires à ſon
·epos, ne ceſſoit de lui repréſenter

les inconvéniens qu'il y avoit à fa-
tisfaire une pareille envie, mais ne
lui étant plus possible à la fin de se
refuser aux instances de la Princesse, elle trouva le secret de prendre à Arnide pendant qu'elle dor-
moit la clef d'un petit coffre, dans
lequel elle sçavoit que la Lettre
étoit enfermée, & elle porta à l'im-
patiente Olive ce qu'elle avoit si
fort desiré.

Que devint-elle lorsque par les
termes dans lesquels la Lettre étoit
conçue, elle vit que Rosiclair étoit
fils de la Princesse Briane. Jamais
étonnement fut-il pareil au sien?
Le Roy d'Hongrie n'avoit pas
manqué de faire sçavoir à la
Cour d'Angleterre que le mariage
du Prince Théodoart n'avoit point
été consommé, comment donc
Briane pouvoit-elle avoir eu un fils?
cela lui paroissoit incompréhensi-
ble. Mais lorsque d'un autre côté

e se rappelloit tout ce que lui
oit dit Arnide de la tendreffe
'avoit la fille du Roy d'Hongrie
ur Rofıclair , & de fa vie trifte
languiffante, dans une folitude
'elle n'avoit point voulu quitter
puis qu'elle avoit perdu le frere
ce jeune Chevalier , elle croyoit
ouver dans tout cela un myftere
nt l'éclairciffement ne pouvoit
ie lui être favorable, Rofıclair
roit-il jamais ofé élever fes vœux
fqu'à moi , difoit-elle à fa confi-
ente, s'il n'étoit point d'une naif-
nce égale à la mienne ?

Elle auroit donné tout au monde
our retenir la Lettre fatale qui
voit caufé fon départ, Combien
e fois ne s'accufa-t'elle point d'a-
oir agi trop précipitamment dans
ette occafion ? Fidelia ne fçavoit
omment s'y prendre pour calmer
efpece de defefpoir dans lequel
lle la voyoit ; il étoit en effet affez

difficile de trouver un remède a
malheureux évenement qui en étoi
l'objet. Le plus simple auroit ét
d'écrire une autre Lettre à Rof
clair; la Princesse pouvoit prendr
pour prétexte qu'elle venoit d'êt
informée du lien étroit de paren
qui les unissoit; mais comment po
voir la lui remettre? On ne sçavo
de quel côté il étoit allé. L'att
chement de Fidelia pour la Prii
cesse alloit à un point qu'elle i
trouvoit rien d'impossible lorsqu
s'agissoit de lui procurer quelqu
satisfaction, combien son zèle i
redoubla-t'il pas encore dans ui
occasion aussi importante? Elle l
offrit d'aller de contrée en contr
chercher Rosiclair, le bruit de i
héroïques actions pouvoit à
qu'elle croyoit lui fournir quelq
facilité pour le trouver. Que
remercimens ne lui fit point la Pri
cesse! l'amour est toujours porté

se flatter, elle croyoit qu'elle alloit bien-tôt revoir Rosiclair.

Il s'en falloit bien cependant que la route que prit Fidelia dût la conduire auprès de lui ; le Vaisseau sur lequel elle monta avoit sa destination pour l'Allemagne, & le jeune Prince voguoit d'un côté tout opposé avec la Dame inconnue vers l'Isle dont elle lui avoit parlé. Ils y arriverent au bout de sept jours. Quelle fut sa surprise lorsqu'ayant mis pied à terre il entendit la Dame proférer à pleine voix ces paroles : *Sortez, sortez, enfans de Candramarte, voici le Chevalier nouveau qui a coupé les bras à notre pere.*

Fin de la seconde Partie.